Auf Lessings Spuren

Als der erfolgreiche Dichter und Schriftsteller, Kritiker und Gelehrte Gotthold Ephraim Lessing (1729 bis 1781) am 7. Mai 1770 von dem Vizekanzler Georg Septimus von Praun als Fürstlicher Bibliothecarius vereidigt wurde, war ihm zwar das Amt, nicht aber der Ort unbekannt. Auf der Durchreise nach Amsterdam sah er als Begleiter des Leipziger Kaufmanns Gottfried Winkler am 17. Mai 1756, kurz vor Ausbruch des Siebenjährigen Krieges, Schloß und Stadt Wolfenbüttel zum erstenmal und bewunderte staunend die eindrucksvolle Bibliotheksrotunde mit den Abertausenden von Büchern an den Wänden der beiden Rundgänge. Er war ein Bücherfreund von Jugend an, der schon als Kind mit einer großen Menge Bücher gemalt werden wollte und der später, in Berlin und Breslau, eine bedeutende Bibliothek zusammenkaufte. So war es verständlich, daß Lessing auf der Höhe seines Ruhms, inzwischen 41 Jahre alt, eine gesicherte, wenngleich nicht üppig dotierte Stelle in dem kleinen Ort übernahm, fern der großen Städte, Leipzig und Berlin, Breslau und Hamburg, die seine Lebensstationen gewesen waren. Nach seinem literaturkritischen, poetischen und dramatischen Frühwerk hatte Lessing seit 1766 in einer schaffensreichen Phase nacheinander den *Laokoon* und die *Briefe antiquarischen Inhalts*, die *Minna von Barnhelm* und die *Hamburgische Dramaturgie* und zuletzt, 1769, die Abhandlung *Wie die Alten den Tod gebildet* herausgebracht. Das Angebot des Braunschweigischen Erbprinzen Carl Wilhelm Ferdinand mußte dem verschuldeten Autor verlockend erscheinen, zumal er in der nahen Residenzstadt Braunschweig literarische Freunde und Verehrer hatte und die Schätze der Bibliothek ihn neugierig gemacht hatten. So mochte er die Tätigkeit in Wolfenbüttel als willkommenen Zwischenaufenthalt betrachtet haben. Doch es kam alles anders: Die ehemalige Residenzstadt, deren ruhmreiche Geschichte mit dem Fortzug des Hofes fast 20 Jahre zuvor zu Ende gegangen war, wurde Lessings letzte Lebensstation.

Der anfänglichen Begeisterung über die reiche Bibliothek, in der Lessing aufsehenerregende Entdeckungen machen sollte, folgten, auch wegen der sich über Jahre hinziehenden Verbindung mit der Hamburger Kaufmannswitwe Eva König, Jahre der Mutlosigkeit und Verzweiflung. Schon am 6. Juni 1771 schrieb er aus Wolfenbüttel: »Der Bücherstaub fällt immer mehr und mehr auf meine Nerven«, und zwei Jahre später: »Es ist zwar recht gut, eine Zeitlang in einer großen Bibliothek zu studieren, aber sich darin zu vergraben, ist eine Raserey.« Die Enttäuschung über seine fehlgeschla-

genen Versuche, in Wien, Dresden oder Berlin eine neue Stelle zu finden, die unerträglich werdende Einsamkeit an dem verlassenen Ort und die unvorbereitete und unbeabsichtigte Reise nach Italien 1775 wurden aber schließlich doch noch Vorstufen zu einer Glück verheißenden Lebenswende: Die Ernennung zum Hofrat, verbunden mit einer Gehaltsaufbesserung, ermöglichte es ihm, im Oktober 1776 endlich Eva König zu heiraten. Lessings Leben schien nun in ruhigere Bahnen zu fließen. Die welterfahrene geliebte Frau an seiner Seite hatte wohl im Blick auf ihren rastlosen Mann recht behalten: »Ich bitte Sie nochmals auf das inständigste«, hatte sie ihm am 9. Januar 1776 aus Hamburg geschrieben, »trachten Sie in Wolfenbüttel zu bleiben. Es ist von allen Orten, wohin Sie denken, der einzige, an dem wir leben können, wie wir wollen.« Doch zwei Jahre später, am 10. Januar 1778, starb sie nach der Geburt ihres Kindes, das nur drei Tage gelebt hat, im Kindbett. Lessings unterdrückte Verzweiflung – »Ich wollte es auch einmal so gut haben wie andere Menschen. Aber es ist mir schlecht bekommen.« – führte zwar noch einmal zu einer unglaublich intensiven Schaffensphase, in der der *Anti-Goeze* und, als ihm die Fortführung der schneidenden Polemik untersagt wurde, das dramatische Gedicht *Nathan der Weise*, schließlich die Gespräche *Ernst und Falk* und sein Manifest *Die Erziehung des Menschengeschlechts* entstanden. Doch sein persönliches Unglück führte zum Tode. Der schleichenden Krankheit hatte Lessing keine Lebenskraft mehr entgegenzusetzen. Drei Jahre nach dem Tode der über alles geliebten Frau starb Lessing am 15. Februar 1781 in Braunschweig, 52 Jahre alt.

Was die Welt an ihm verloren hatte, brachte Johann Gottfried Herder, der Freund und Verehrer in Weimar, in seinem Nachruf zum Ausdruck: »– Und so ist Leßing auch aus unsrer Mitte weggerückt! – ... Dieser Schlag hat mich betäubt; aber mit jedem Tage fühl ichs schmerzlicher, was wir an diesem seltnen Manne verlohren haben. Denn o! wie selten werden so viele, so manchfaltige, so große Talen-

Links: Lessing. Ölbild von Anton Graff, 1771
Rechts: Lessings Bibliothekszeitschrift, 1773–1782

Die Bibliotheca Augusta. Ölbild von Louis Tacke, 1888

te in Einer Person vereinigt! – ...Nun werden Sie sehen wie sich alle Stimmen vereinigen werden, die Größe des Mannes – den so wenige zu würdigen im Stande sind – anzuerkennen. Man wird sich umsehen, nach einem, der diesen leergewordnen Stuhl an der kleinen Tafelrunde der Weisen ausfüllen könnte – Man wird sich fragen: Wo ist nun der Denker, der helle, tiefblickende, weitumschauende philosophische Denker, der uns *diesen* Denker – wo ist der Schriftsteller, der uns *diesen* Meister in der Kunst der Komposition und Darstellung – wo ist der Kenner der menschlichen Natur, der uns *diesen* Menschenkenner – wo ist der Mann von Geschmack und feinem, scharfen, sichern Urtheil, der uns *diesen* Mann ersetzen könne? und man wird sich keine Antwort geben können.«

Lessing hat in Wolfenbüttel Spuren hinterlassen. Seine gelehrten Arbeiten, die er zum Teil in einer eigenen Zeitschrift *Zur Geschichte und Litteratur. Aus den Schätzen der Herzoglichen Bibliothek zu Wolfenbüttel* herausgab, vermehrten den Ruhm der Bibliothek nicht nur, sondern sind bis heute die Meßlatte, an der ihr Wirken gemessen wird. Zum andern wurde Wolfenbüttel dank seiner elfjährigen Tätigkeit zum Wallfahrtsort für seine Verehrer, Freunde und Nachfahren. Die Namen vieler berühmter Aufklärer finden sich in den überlieferten Gästebüchern: Sie alle wandelten auf Lessings Spuren. Und, so seltsam es klingen mag, man muß es doch aussprechen: Der Ruhm Wolfenbüttels und seiner Bibliothek ist zum guten Teil Lessings unglücklichem letzten Lebensjahrzehnt zu verdanken.

Lessings Wolfenbüttel: Damit ist zunächst also die Welt gemeint, in der er lebte. »Das allerbeste«, schrieb er seinem Vater am 27. Juli 1770, »ist die Bibliothek, die Ihnen schon dem Ruhme nach bekannt seyn muß, die ich aber noch weit vortrefflicher gefunden habe, als ich mir sie jemals eingebildet hätte.« Der Blick auf die ihm unterstellte Büchersammlung, in der er nach Herzenslust studieren konnte, erfüllte ihn anfangs so sehr, daß er die Stadt eine Zeitlang gar nicht zur Kenntnis nahm. In allen seinen Briefen erwähnt er nie die einst so stolze Residenzstadt mit ihren hohen und herrschaftlichen Beamtenhäusern, den breiten, geraden Straßen und ihren veralteten Festungsanlagen. Lessings Wolfenbüttel war im Laufe von zwei Jahrzehnten ein in die Bedeutungslosigkeit versinkendes Landstädtchen geworden. Die Bevölkerungszahl war von 10 000 Einwohnern auf weniger als 6 000 gesunken. Die meisten fürstlichen Ämter wurden in die neue Residenzstadt Braunschweig verlagert, und die Beamten siedelten mit ihren Familien und ihrem Gesinde dorthin über. Handwerker und Kaufleute hatten seit dem Verlust ihrer Kundschaft schwer um ihre Existenz zu kämpfen. Die Armut unter der Bevölkerung war so groß, daß sie selbst dem oft in seiner Bücherwelt versunkenen Lessing ans Herz ging. Es wird berichtet, daß nach seinem Tode die Wolfenbütteler Armen den Verlust eines der willigsten Geber beklagten, »der im Verborgenen so oft und so gern wohltat«.

Lessings Wolfenbüttel: Welch ein Kontrast zu den früheren Zeiten blühenden höfischen Lebens, das der Stadt Glanz und Wohlstand beschert hatte. Wenn wir von diesem Wolfenbüttel Lessings sprechen, werden wir die vergangenen und die kommenden Zeiten einbeziehen, sein Lebensjahrzehnt also einbetten in die Geschichte der Stadt zwischen gestern und heute.

Wolfenbüttel war, im Gegensatz zu Goslar und Hildesheim, Braun-

Der Schloßplatz. Merian-Stich nach C. Buno, 1654

schweig und Celle, eine junge Stadt. Sie hatte keine mittelalterliche Vergangenheit, diese betraf nur die 1118 zuerst erwähnte Burg Wulferesbutle, eine Gründung der Herren von Wulfen, auf die der Name zurückgeht: das »Büttel«, d.h. der Ort der Wulfen. Erst im 15. Jahrhundert trat diese Burg in der sumpfigen Okerniederung, nahe der aufblühenden Handelsstadt Braunschweig im Vorharz gelegen, aus dem Dunkel der Geschichte, als sie den Herzögen zu Braunschweig und Lüneburg Zuflucht bot: Die selbstbewußten Braunschweiger Bürger hatten sie aus ihrer Hauptstadt vertrieben.

Unter Herzog Heinrich dem Jüngeren wurde die Siedlung im 16. Jahrhundert östlich der Burg gegründet und von ihm und seinen Nachfolgern zwischen 1539 und 1620 planmäßig angelegt. Die Burg wurde zu einer großzügigen Dammfestung umgebaut und mit Gräben und Festungswerken umgeben. Östlich davon, über Brükken mit dem Festungsbereich verbunden, wurden die Straßen der Stadt gebaut und die Wohnhäuser und öffentlichen Gebäude errichtet, nachdem das Sumpfgebiet durch wasserreiche Kanäle ausgetrocknet worden war. Auch dieses Stadtgebiet – damals Heinrichstadt genannt – wurde durch ein starkes Festungswerk mit Gräben und Bastionen geschützt. So entstand in Wolfenbüttel »eine der eindrucksvollsten städtebaulichen Leistungen des frühen Absolutismus« (L. Dehio). An der Anlage von Festung und Stadt Wolfenbüttel waren der italienische Festungsarchitekt Francesco Chiaramella di Gandino und der holländische Baumeister Hans Vredeman de Vries beteiligt. Der Kanalbau lag in den Händen holländischer Wasserbauer. Bedenkt man, daß 1592 englische Schauspieler unter Thomas Sackville am Wolfenbütteler Hof das erste stehende Theater in Deutschland gründeten, so läßt sich wohl behaupten, daß Wolfenbüttel sehr früh eine europäische Stadt war. Dazu trugen später auch die Aufführungen französischer Dramen und italienischer Opern bei.

Vor allem aber beherbergte Wolfenbüttel seit 1643 eine europäische Bibliothek: die Büchersammlung des regierenden Herzogs August des Jüngeren, dessen Agenten nicht nur in Hamburg, Nürnberg und Augsburg, sondern auch in Antwerpen, Den Haag, Paris, Rom, Kopenhagen und London Bücher einkauften und so zu dem Friedenswerk eines gelehrten Fürsten beitrugen.

Diese Bibliotheca Augusta – wörtlich genommen: erhabene Bibliothek – war der Mittelpunkt einer höfischen Barockkultur, die unter Herzog Augusts Sohn Anton Ulrich ihre höchste Blüte erlebte. Mit dem Bau des repräsentativen Schlosses im nahegelegenen Salzdahlum, der Gründung der Ritterakademie, der Tätigkeit des großen Gelehrten Gottfried Wilhelm Leibniz und dem Neubau der Bibliotheksrotunde gehörte Wolfenbüttel um 1700 in die Reihe bedeutender Residenzen der Zeit. Die Heiratspolitik des ehrgeizigen Herzogs Anton Ulrich und seiner Nachfolger führte Fürsten und Diplomaten aus Wien und Paris, St. Petersburg und Berlin nach Wolfenbüttel. Gelehrte aus vielen Ländern besuchten die berühmte Bibliothek, darunter Christian Thomasius und

Die alte Bibliothek mit Lessinghaus und Zeughaus. Aquarell aus dem 19. Jahrhundert

Emanuel Swedenborg, Johann Christoph Gottsched, Voltaire und Giacomo Casanova. Dieser war es, der der Bibliothek nach seinem Besuch 1764 in seinen *Memoiren* das glänzendste Zeugnis ihrer Geschichte ausstellte:
»Ich verbrachte acht Tage in dieser Bibliothek, die ich nur verließ, um zum Essen und zum Schlafen in meinen Gasthof zu gehen. Ich kann diese acht Tage zu den glücklichsten meines Lebens zählen, denn ich war nicht einen Augenblick mit mir selber beschäftigt; ich dachte weder an die Vergangenheit noch an die Zukunft, und mein Geist, der sich vollständig in die Arbeit versenkt hatte, konnte die Gegenwart nicht bemerken. Ich habe seitdem zuweilen gedacht, daß vielleicht das Leben der Seligen etwas Ähnliches sein könnte.«
Vor diesem Hintergrund ist es verständlich, daß der Fortzug des Hofes 1753 nach Braunschweig für Wolfenbüttel eine Katastrophe war. Der einstige Ruhm verblaßte, bis Lessing der Stadt noch einmal hohes Ansehen in der literarischen und wissenschaftlichen Welt einbrachte.
Doch auch dieses geistige Feuerwerk verglimmte. Der Niedergang der Stadt um 1800 war nicht aufzuhalten, wenngleich in den zurückgebliebenen Behörden, den Justizkollegien und dem Konsistorium einige hervorragende Persönlichkeiten tätig waren und auch die Bibliothek ihre Anziehungskraft nicht verlor.
Der Holländer Jan Meerman, Freiherr von Dalem, besuchte 1791 die Stadt und schrieb: »Wolfenbüttel war vor etlichen und dreyssig Jahren die gewöhnliche Residenz der Herzöge; und nach Braunschweig begab sich der Hof nur und blos auf einige Wochen, wann die Messe dahin einen Zufluß von Fremden, Gewühl, Seltenheiten und Freude brachte. Aber die kleinere und stillere Stadt hat nun ganz der größeren und lebhafteren weichen müssen, und zwar in dem Grade, daß sie jetzt nur selten und nur auf einige Stunden von ihrem Fürsten besucht wird. Auch herrscht hier Todtenstille auf den Gassen und die Breite verschiedener derselben läßt den Menschenmangel noch fühlbarer werden.«
Ein anderer Reisender, Friedrich Wilhelm Dethmar, berichtete vier Jahrzehnte später: »Die Stadt erschien mir wie ausgestorben; sie verräth Spuren vom ehemaligen Hofleben, ist nun aber, seitdem sie im Jahre 1756 dieser Zierde beraubt worden ist, sehr im Verfall ... Das laternenmäßige Schloß scheint mir dem Schicksale der Schlösser zu Vechelde und Salzdahlum entgegenzugehen, und das Bibliotheksgebäude, eine geschmackvolle Rotunde, wird den Elementen ebenfalls nicht lange Widerstand leisten, wenn es nicht durch die Menschenhand unterstützt und vor dem Falle geschützt wird. Der Zugang ist so mit Gras verwachsen, daß man glauben sollte, seit des Bibliothekars Lessing Zeiten sei kein Mensch mehr hineingegangen.«
Der Bibliothekar Friedrich Adolf Ebert, einsam in der »stillen Stadt«, klagte in einem Brief vom 18. Februar 1824: »Wem nütze ich hier? Ich möchte vor Schmerz vergehen, wenn ich in meinem öden Saale herumwandele, und niemand kommt, der meiner

Schätze begehrt. Diese Grabesstille bricht mir auf die Länge hin das Herz, und jetzt erst verstehe ich die Briefe, die Lessing aus Wolfenbüttel schrieb.«

Das Honoratiorenstädtchen an der Oker, das erst 1880 die Einwohnerzahl von 1750 wieder erreichte, bot den wenigen in der Stadt ansässigen Literaten Stoff zu derbem Spott: *Krähwinkel wie es ist* nannte 1827 Carl Niedmann, der Freund des Schicksalsdramatikers Carl Müllner, seine Satire, und der junge Rudolf Huch veröffentlichte ein halbes Jahrhundert später das *Tagebuch eines Höhlenmolches*.

Wilhelm Raabe wuchs in Wolfenbüttel auf, und Wilhelm Busch war ein häufiger Gast bei seinem Bruder vor dem Herzogtor. Dort brachte auch Ferdinand Grimm, der unglückliche Bruder der Brüder Grimm, seine letzten Lebensjahre zu. Doch ein literarisches Leben gab es seit Lessings Zeiten nicht mehr.

Die einst so stolze Residenzstadt war in einen Dornröschenschlaf gefallen. »Bei dem Worte Wolfenbüttel fällt einem gleich der halbe Lessing ein, und das halbe Gymnasium, auf dem man ihn verschlang, und die halbe Jugendzeit, die sich an ihm zu Feuer und Flammen entzündete«, schrieb Ludwig Hevesi, der Korrespondent des *Wiener Fremdenblatts*, nach einem Besuch in Wolfenbüttel 1889. »An die dortige Bibliothek denkt man ungefähr wie an das Mausoleum zu Halikarnaß oder den Tower in London, mit Ahnungen einer klassischen Romantik. Niemand stellt sich die Möglichkeit vor, daß er diesen Wetterwinkel, aus dem der Donnerer Lessing einst seine Blitze schleuderte, irgend einmal als Tourist betreten könnte.«

Doch die verschüttete Vergangenheit wurde, was die Architektur betrifft, im großen und ganzen schon aus Mangel an Geld, bewahrt. Zwar waren die Schloßkapelle und die hinteren Schloßgebäude abgerissen worden, und auch die Bibliotheksrotunde fiel dem Abbruch 1887 zum Opfer. Daß aber die martialischen Festungswerke längst biedermeierlichen Parkanlagen gewichen und die Kanäle zugeschüttet worden waren, war dem Stadtbild zugute gekommen. Vor allem blieben die Fachwerkhäuser, die seit dem 17. Jahrhundert das Bild der Stadt bestimmten, erhalten. Ihre Besonderheit entdeckte um die Jahrhundertwende der Hamburger Kunsterzieher und Museumsdirektor Alfred Lichtwark, der 1902 Wolfenbüttel einmal wieder besuchte: »Mit dem Eindruck der Physiognomie Braunschweigs im Auge, fühlt man Wolfenbüttels Eigenart besonders stark. Braunschweig ist eine Bürgerstadt... Wolfenbüttel dagegen ist eine Fürstenstadt, wenn auch noch so klein und bescheiden... Soweit der Einfluß des Fürsten das Stadtbild bedingt, herrscht das typische Wolfenbütteler Haus, ich möchte es Beamtenhaus nennen, weil es aussieht, als verdanke es seine breite Lagerung und kühne Erhebung der Gnade des Herrschers, der, um eine präsentable Stadt zeigen zu können, seinen Hofbeamten den Baugrund zumaß und seine Wälder fürs Bauholz preisgab. Man kann sich gar nicht denken, welche Art von

Menschen in dem winzigen Residenzchen ohne Handel und Gewerbe solche Paläste bewohnt haben, wie sie in dem reichen Braunschweig nur als Hotels zu finden sind. Ein sehr breites, sehr hohes, wenn auch nur einstöckiges Langhaus in der Straßenflucht im Gegensatz zu den schmalen Giebelhäusern Braunschweigs ...
Und zu diesem unerhörten thematischen Reichthum kommt nun der koloristische: Roter Dachstuhl, hellgrün getünchte Wand, rotes Thor, weiße Fensterrahmen oder irgendeine andere Verbindung, die zum Rot des Daches paßt. Natürlich ist jetzt das meiste holzfarben gestrichen, wie es einst war, erräth man nur in vergessenen Ecken und Winkeln. In dieser stattlichen Fachwerkarchitektur steht alles, was von den Fürsten stammt, in Sandstein.«
Die Bewohner dieser Fachwerkhäuser trauerten der fürstlichen Vergangenheit nach. Für sie blieb Wolfenbüttel bis in die Mitte unseres Jahrhunderts die »liebe kleine Herzogstadt«. Diese verharmlosende Bezeichnung machte einen Redakteur und Schriftsteller populär, der später zum Ehrenbürger wurde: Kurt Meyer-Rotermund (1884 bis 1977). Er verklärte seine Vaterstadt in Versen wie diesen:

»Wolfenbüttel
Mit Genien bist du reich gesegnet,
Historie lebt in Büchern, Mauern.
In deinen Gassen mir begegnet
Der Geist der Väter. Die überdauern
Den Tagesruhm und seinen Schaum.
Wie soll ich, Stadt, dein Wesen
schildern?

Giebelfront am Kornmarkt

Was du mir gabst, ist fast ein Traum.
Ich bin umringt von tausend Bildern
Aus Fürstenzeit, aus Lessings Tagen,
Auch Raabes Flügel habe ich verspürt.
Der Jugend Türme seh' ich ragen,
Wohin das Leben mich auch führt.«

Der Schriftsteller Konrad Beste (1890 bis 1958), der das Wolfenbütteler Gymnasium besucht hatte, schrieb 1934: »Braunschweigs alte Hauptstadt, das stille Wolfenbüttel, trägt in seinem Innern, dem Frankes berühmte

Marienkirche das berühmte Wahrzeichen gibt, den Hauch eines einzigen großen Museums. Alle Spuren unserer Tage in modernen Wohnbauten und Industrieanlagen sind aus dem Bannkreis der alten Festungswälle verwiesen. Drinnen aber scheint die Stadt seit Lessing stehen geblieben, und die von Braunschweig kommende Straßenbahn, die sich mühsam durch die engen Gassen windet, wirkt wie ein schriller Anachronismus. Aber sie setzt die Stadt ja auch nur alle halbe Stunde in Aufregung. Zwischendurch träumt sie ... So träumen die dreihunderttausend Bände und Handschriften in Lessings Bibliothek, es träumt der Codex Carolinus, der Weißenburger Katechismus und Karls des Großen Capitulare de villis, es träumt Lessings Häuschen am Tore des Bibliotheksgartens, es träumen die fachwerkbunten Straßen, und schläfrig gluckst das Wasser der Okerarme, die hier als verdeckte Kanäle, dort als offene Flußläufe die Stadt durchziehen. Es träumt das alte Schloß der Herzöge, in dem nun Lyceum und Mädchenalumnat untergebracht sind, und wenn der Schwarm seiner jungen Bewohnerinnen aus dem ehrwürdigen Portal sich auf die moosgrüne Steinbrücke ergießt, dann blüht es wie flüchtige Blumen aus diesem Gemäuer ...«

Diese idyllische, beschauliche Betrachtung der Vergangenheit stand bereits im Gegensatz zum allgemeinen Zeitgefühl. Seit der Jahrhundertwende waren die Außenbezirke der Stadt vor den einstigen Toren bereits besiedelt. Auch Fabrikanlagen waren dort entstanden. Erst die Umwälzungen nach 1945, der Flüchtlingsstrom, der auch Wolfenbüttel erreichte, führte zu einer Erweiterung der Neubaugebiete. Nach allen Richtungen dehnte sich nun die Stadt aus, Schulen und Kirchen wurden in den neuen Wohnbaugebieten gebaut. Das neue Wolfenbüttel mit seinen 50 000 Einwohnern ist längst nicht mehr die idyllische Kleinstadt von einst.

Einer gewissen Ehrfurcht vor der Vergangenheit jedoch ist es zuzuschreiben, daß im Zuge dieser Modernisierung die Altstadt, der Stadtkern, nicht so stark verändert wurde, wie es andernorts geschehen ist. Gewiß, es gibt viele Bausünden und unwiederbringliche Einbrüche. Doch dem Europäischen Denkmalschutzjahr 1975 ist es zu verdanken, daß die Wolfenbütteler ihre Fachwerkstadt mit neuen Augen sahen. *Der alten Stadt eine Zukunft* war damals das Motto der ersten Wolfenbütteler Altstadtwoche. Seither wurde die Innenstadt Haus für Haus saniert. Die restaurierten Fachwerkhäuser sind heute das Kapital Wolfenbüttels: Ihre abwechslungsreichen Fassaden verleihen der Stadt ihren individuellen Charakter. Sie ist heute eine beliebte Einkaufsstadt, und immer mehr Touristen schlendern durch die alten Straßen, deren Häuserzeilen ein buntes, freundliches Bild bieten. So ist in Wolfenbüttel die Zukunft in der sichtbaren Bewahrung der Vergangenheit gesichert worden.

Das Europäische Denkmalschutzjahr hat der Stadt auf diese Weise die Impulse zu einer sorgsamen Sanierung gegeben, gleichzeitig wurde die einstige Fürstliche Bibliothek zu einer internationalen Forschungsstätte umgewandelt, in der die geistige Kultur des alten Europa vor dem Hintergrund des frühneuzeitlichen Stadtbildes – sozusagen am Tatort der Geschichte – erforscht wird. Unzählige Wissenschaftler sind inzwischen in Wolfenbüttel gewesen und zu Freunden und Botschaftern einer Stadt geworden, die sich heute als Kulturort in Europa verstehen kann. Zwischen 1972 und 1985 besuchten die vier Bundespräsidenten Wolfenbüttel, und der kurze Aufenthalt des verstorbenen französischen Staatspräsidenten François Mitterrand 1987 in der Bibliothek war mehr als eine noble Geste: Ein großer Bücherfreund wollte die erneuerte Bibliothek des größten Büchersammlers des 17. Jahrhunderts kennenlernen, dessen Konkurrent der Kardinal Mazarin in Paris gewesen war.

Bis 1989 lag Wolfenbüttel am Rande der Bundesrepublik. Seit der Wiedervereinigung aber liegt es wieder mitten in Deutschland, auf halbem Wege zwischen Hannover und Magdeburg und Hamburg und Würzburg, ein wenig abseits von den Hauptverkehrslinien und dennoch in unmittelbarer Nähe der Autobahnen.

Die *Spaziergänge durch Lessings Wolfenbüttel* möchten mit den Örtlichkeiten des großen Mannes in seinen Wolfenbütteler Jahren bekannt machen, mit den Häusern, in denen seine wenigen Freunde und Bekannten wohnten, und darüber hinaus mit den Gebäu-

Aus dem alten Wolfenbüttel: Die abgebrochene Häuserzeile der Langen Straße

den, die damals wie heute das Stadtbild prägen. Dabei werden wir uns nicht auf den engen Wolfenbütteler Lebenskreis Lessings beschränken, sondern auch von bekannten und unbekannten oder zu Unrecht vergessenen Menschen erzählen, die vor oder nach ihm in Wolfenbüttel gelebt haben und zum kulturellen Leben ihrer Zeit gehörten.

Die Wege durch die Stadt, die wir beschreiten, sind nicht weit. Die vier Spaziergänge führen durch alle Straßen der Altstadt und werden absichtlich auch durch die Grünanlagen geleitet. Sie sind so angelegt, daß der Leser, vielmehr der Spaziergänger, auf seinen Wegen alles Wesentliche und Wissenswerte über Wolfenbüttel, seine Geschichte und seine Menschen, vor allem aber über Lessings Lebenswelt erfährt, sofern es zu lokalisieren ist.

Die *Spaziergänge durch Lessings Wolfenbüttel* sind zunächst für die Besucher und Gäste, also für die Ortsunkundigen gedacht, die die Sehenswürdigkeiten der Stadt auf den Spuren Lessings kennenlernen wollen. Doch das Buch wurde auch für die Wolfenbütteler selbst geschrieben. Sie nannten ihre Stadt in den Jahren nach dem Zweiten Weltkrieg »Lessingstadt Wolfenbüttel«. Sie erinnerten sich im Willen eines moralischen Wiederaufbaus des Mannes, der wie kaum ein anderer in Deutschland unerschrocken für Freiheit, Humanität und Toleranz eingetreten war.

»Ein Mann wie Lessing täte uns not«, hatte schon Goethe gefordert; diese Forderung gilt auch noch heute. Als Wolfenbüttel 1978/79 ein Lessingjahr feierte, sagte der Lessingpreisträger Jean Améry in seiner Festrede: »Wie bitter hätten wir Männer wie ihn gerade jetzt nötig, in Tagen, da die Aufklärung in Mißkredit gerät und ein neuer Obskurantismus sich hervortut, von dem man später vielleicht sagen wird, er sei gefährlicher gewesen als das Dunkelmännertum seines Erzfeindes, des Hauptpastors Goeze. Die Welt bedurfte Lessings, oder richtiger: seines geistigen ›Typus‹, denn tatsächlich war er zwar ein Einziger mit seinem nur ihm gehörigen Eigentum, zugleich aber Personifikation einer intellektuellen Struktur.« Unsere Spaziergänge wollen in diesem Sinne auch als Wege zu Lessing verstanden sein.

Rechts: Schloßfassade

Erster Spaziergang
Das Schloß und der Norden der Altstadt

Anna-Vorwerk-Straße
Lessingstraße
Leibnizstraße
Lessingplatz
Schiffwall
Schloßplatz
Löwenstraße
Kl. Zimmerhof
Kl. Venedig
Münzstr.
Krambuden
Gr. Zimmerhof
Stobenstraße
Rosenwall
Neue Straße
Am Alten Tore
Lange Herzogstraße
Herz-
platz
Rosen-
gasse
Brauergildenstraße
Okerstraße
Lohenstraße
Kreuzstraße
Kanzleistraße
Klosterstraße
Reichsstraße
Stadt-
markt
Kornmarkt
Kommiß-
straße
Michael-Prätorius-Platz
Große Kirchstraße
Lange Straße
Harzstraße
Harztor-
platz
Schulwall
Bahnhofstraße
Krumme Straße
Park Seeliger
1
2
3
4
5
6
7
8
9
10
11
12
13
14
15
16
17
18
19
20
21
22
23
24
25
26
27
28
29
30

Wir beginnen unseren ersten Spaziergang – wie alle folgenden – auf dem Stadtmarkt am Denkmal für Herzog August. Der Platz ist mittwochs und samstags am schönsten, wenn die Marktfrauen aus der Umgebung frisches Gemüse und Blumen anbieten.

❶ Das Denkmal für Herzog August

Geschichtsbewußte Bürger setzten 1904 auf dem zentralen Platz der bürgerlichen Altstadt dem Mann ein Denkmal, dem Wolfenbüttel seinen Ruhm verdankt, ohne dessen gestiftete Bibliothek weder Leibniz noch Lessing hierhergekommen wären: Herzog August dem Jüngeren zu Braunschweig und Lüneburg (1579–1666). Es ist kein stolzes Reiterdenkmal für den leidenschaftlichen Reiter entstanden, sondern sinnend führt der abgesessene Herzog, in schlichtem Rock, mit Stulpenstiefeln und Schlapphut, sein ermüdetes Pferd zur Tränke. Der Herzog war kein Krieger, sondern ein Friedensfürst, der 1642, noch während des Dreißigjährigen Krieges, der von den kaiserlichen Truppen besetzten Stadt den Frieden brachte. Er baute sein zerstörtes Land wieder auf und hinterließ eine Bibliothek von mehr als 135 000 Schriften, die damals die größte in Europa war und die von den Dichtern als »achtes Weltwunder« besungen wurde.

❷ Das Rathaus mit Ratswaage

Der Stadtmarkt wird umsäumt von restaurierten Fachwerkhäusern. Dazu gehört auch das Rathaus in seinen braunen und blauen Tönungen, mit der alten Wetterfahne und der Sonnenuhr, das den Platz im Norden begrenzt. Es wurde 1599 für die Verwaltung der Bürgerangelegenheiten der Heinrichstadt gebaut und seit 1602 als Rathaus genutzt. Das bescheidene Gebäude kann sich nicht mit den eindrucksvollen Rathäusern der Gotik, der Renaissance oder auch des Historismus in allen großen Städten messen. In Wolfenbüttel hatte der Rat nur eine sehr begrenzte Kompetenz, denn bis ins 19. Jahrhundert bestimmten die Fürsten die Geschichte der Stadt und ihrer Bürger. Seither stand ein Stadtdirektor an der Spitze eines dreiköpfigen Magistrats, ihm zur Seite zwölf Stadtverordnete. Erst 1917 wurde mit Paul Eyferth (1872–1956) auch ein Bürgermeister gewählt. In seinem Erinnerungsbüchlein *Erzähltes und Erlebtes aus Wolfenbüttel in den letzten hundert Jahren* (1955) hat er allerdings den traurigsten Tag seines rastlosen Lebens verschwiegen: seine Absetzung im Frühjahr 1933. Eyferth hatte sich geweigert, eine Hakenkreuzfahne auf dem Rathaus zu hissen.

Nach der langwierigen und aufwendigen Restaurierung des Rathauses ist nun auch der Ratskeller wieder zugänglich. Es ist der Ort, an dem sich über Jahrhunderte prominente Bürger trafen. Diese Oberschicht prägte im 19. Jahrhundert das Bild der Beamtenstadt, von der Rudolf Huch, Anwalt und Schriftsteller (vgl. S. 114), erzählt: »Die Beamten, die Offiziere, die Lehrer des Gymnasiums, die Ärzte, einzel-

Rathaus und Brunnen, um 1910

ne von uns Anwälten und einzelne Herren aus der Kaufmannschaft bildeten unbestritten die erste Gesellschaft, genauer: die Gesellschaft. Man versammelte sich täglich von sechs bis acht Uhr im Honoratiorenzimmer des Ratskellers, und an dieser Tafel zugelassen zu sein, bedeutete in Wolfenbüttel ungefähr das, was in England eine Einladung zu der großen Jahresfeierlichkeit am Hof bedeutet.«

Im rechten Winkel schließt sich das 1609 errichtete Gebäude mit der historischen Ratswaage an, auch dieses sorgfältig saniert. Hier wurden jahrhundertelang die einkommenden Waren gewogen und taxiert. Alles hatte seine feste, geregelte Ordnung.

❸ Die Wohnung von Justus Georg Schottelius Stadtmarkt 5

Das sich anschließende stattliche Fachwerkgebäude, heute ebenfalls in die Stadtverwaltung einbezogen, erinnert mit seiner alten Gedenktafel an einen prominenten Bewohner: Hier wohnte der Fürstliche Rat Justus Georg Schottelius (1612–1676), aus Einbeck gebürtig, der in Helmstedt Jura studiert hatte und 1638 in die Dienste von Herzog August d. J. trat. Er war zunächst als Prinzenerzieher tätig, wurde dann Fürstlicher Rat. Ein anerkannter Barockdichter, Verfasser mehrerer barocker Gedichtbücher und Mitglied der »Fruchtbringenden Gesellschaft«, der wichtigsten Sprachgesellschaft des 17. Jahrhunderts, dessen Oberhaupt lange Zeit Herzog August – mit dem Beinamen »Der Befreiende« – selbst war. Schottelius war –

nicht zuletzt wegen seiner Gelegenheitsgedichte – eine zentrale Figur der barocken Hofkultur in Wolfenbüttel. In die Geschichte eingegangen aber ist er als »Vater der Grammatik«: Er veröffentlichte 1663 das Standardwerk über die »teutsche Hauptsprache«, das als wegweisende deutsche Grammatik bis zu Jakob Grimm gilt. Kurz vor seinem Tode veröffentlichte Schottelius nach einem religiösen Erbauungsbuch über die Vorstellungen vom Jüngsten Tag und den letzten Wundergerichten Gottes eine *Grausame Beschreibung und Vorstellung der Hölle und der höllischen Qual oder des andern ewigen Todes* (1676), die mit »etzlichen schrecknisvollen Kupferstücken« ausgestattet wurde.

Justus Georg Schottelius. Kupferstich von P. Troschel, 17. Jahrhundert

❹ Das Haus von Conrad Buno Stadtmarkt 12

Das Eckhaus an der südlichen Häuserfront zum Kornmarkt hin gehörte im 17. Jahrhundert dem Hofkupferstecher Conrad Buno (1610–1671). Auch er stand im Dienste von Herzog August. Als Matthäus Merian in Frankfurt am Main in der Serie seiner bekannten Topographien auch einen Band über das Herzogtum Braunschweig herausbringen wollte, wandte er sich an Herzog August, der, auf eine angemessene Darstellung seines Landes bedacht, seinen Kupferstecher mit der Bebilderung beauftragte. So stammen die noch heute sehr beliebten und teuer gehandelten Merianstiche mit den Stadtansichten und Gebäudedarstellungen aus dem Herzogtum Braunschweig von Conrad Buno, der die meisten Wolfenbütteler Barockbücher mit seinen Stichen ausstattete.

❺ Das Haus von Gottfried Wilhelm Sacer Stadtmarkt 10

Das mittlere, mehrfach restaurierte Haus an der Südfront bewohnte seit 1670 der Kammeradvokat Gottfried Wilhelm Sacer (1635–1699), eine weitere Persönlichkeit barocker Kultur in Wolfenbüttel. Bekannt wegen seiner Literatursatire *Reime dich, oder ich fresse dich* (1671), in der er sich über die geistlosen Gelegenheitsreime lustig machte, war er zu seiner Zeit ein bewunderter Dichter geistlicher Lieder, die sein Schwiegersohn Georg Nitsch (vgl. S. 111) nach seinem Tode als Sammlung herausgab.

❻ Die Wohnung von August Siegfried von Goue Stadtmarkt 11

Im Nachbarhaus wohnte hundert Jahre später ebenfalls ein Schriftsteller, August Siegfried von Goue (1742–1789), eine skurrile Gestalt der deutschen Literaturgeschichte. Der Hofgerichtsassessor lebte von 1763–1766 in Wolfenbüttel und wurde dann als Sekretär an das Reichskammergericht in Wetzlar versetzt. Er quittierte 1771 den fürstlichen Dienst wegen Differenzen mit seinem »störrischen Gesandten« Johann Jacob Höfler (1714 bis 1781). Goue blieb in Wetzlar und gründete dort die durch Goethes Teilnahme bekannt gewordene »Rittertafel«. Zu dieser Tischgesellschaft gehörte auch der junge Karl Wilhelm Jerusalem, Goues Nachfolger im Amt, dessen Selbstmord Goue in seinem Trauerspiel *Masuren oder der junge Werther* im Gegensatz zu Goethe auf seinen tyrannischen Vorgesetzten zurückführte. Goue schrieb das Stück in Wolfenbüttel, wo er 1774–75 wieder lebte. Schließlich fand er 1780 sein Auskommen am Hofe des Grafen von Bentheim in Burgsteinfurt.

August Siegfried von Goue

❼ Das Haus des Generals von Riedesel Stadtmarkt 8

In dem hübschen, heute halb verdeckten Haus am Anfang der Häuserzeile der Südfront lebte seit 1762 für einige Jahre der spätere General Friedrich Adolf von Riedesel (1730–1800) mit seiner Familie. Er wurde berühmt durch seine Teilnahme am amerikanischen Unabhängigkeitskrieg, denn er befehligte das braunschweigische Truppenkontingent von 4300 Mann in der Neuen Welt, das aufgrund des Subsidienvertrags mit der englischen Krone 1776 über den Ozean geschickt worden war. Bei seiner Abreise versicherte ihm der Herzog, »daß im unverhofften Fall, wenn der Himmel über ihn disponieren wollte, für seine Gemahlin und Kinder so viel möglich gesorgt werden solle«. Riedesel schrieb seiner Frau in seinem ersten Brief am 22. Februar 1776: »Liebste Frau! Nie habe ich mehr gelitten als heute früh bei meiner Abreise. Mein Herz brach mir, und hätte ich zurückgekonnt, wer weiß, was ich gethan

Friedrich Adolf von Riedesel.
Ölbild von J. H. Tischbein

Louise Charlotte Friederike von Riedesel.
Ölbild von J. H. Tischbein

hätte! Aber, meine Liebe, Gott hat mir diesen Beruf gegeben, ich muß ihm folgen; Pflicht und Ehre verbinden mich dazu. Man muß sich also trösten und nicht murren. Auch beunruhigt mich nichts als Deine Gesundheit und das Kind, welches Du unter Deinem Herzen trägst, und Alles, was die Pflege Deiner Person und unserer lieben Töchter Gesundheit betrifft. Nimm ihrer aufs Sorgfältigste wahr; ich liebe sie aufs Zärtlichste.«

In Amerika hatte der General jedoch wenig Kriegsglück. Er geriet mit seinen Soldaten schon 1777 in amerikanische Gefangenschaft, kehrte aber erst 1783 nach Braunschweig zurück. Riedesels Gemahlin, die ihrem Mann mit den Kindern nachgereist war, hat ihre amerikanischen Abenteuer in ihren noch heute lesenswerten Briefen beschrieben.

❽ Die Alte Apotheke Stadtmarkt 14/Ecke Kornmarkt

Das letzte Fachwerkhaus an der Westseite zum Kornmarkt hin gehört zu den schönsten Hofbeamtenhäusern der Stadt. Es wurde zu Anfang des 17. Jahrhunderts gebaut und zeichnet sich durch eine liebevoll ausgeführte Farbigkeit des Fachwerks, der Luken und Läden aus. Auch der Kopf des »wilden Mannes« an einem der Eckbalken sowie die holzgeschnitzte Figur der Gesundheitsgöttin über dem Eingang geben dem Haus eine besondere Note. Solcher Schmuck ist ungewöhnlich bei der vornehmen Schlichtheit vergleichbarer Gebäude. Seit dem 19. Jahrhundert befindet sich hier eine Apotheke, die Nachfolgerin der Fürstlichen Apotheke, die bis 1825 im heutigen Bankhaus Seeliger (vgl. S. 125 f.) war.

❾ Das Zimmermannsche Haus Stadtmarkt 15

Das nach dem verdienten Archivar Paul Zimmermann (1854–1933) benannte Haus vor der Alten Apotheke wurde 1736 für den Oberstallmeister Bernhard von Schwarzkoppen erbaut. Im Gegensatz zu den meisten Gebäuden am Platz ist das Fachwerk übergestrichen: Im 18. Jahrhundert täuschte man so eine Steinbauweise vor. In dem reich verzierten Saal residiert heute der Standesbeamte, der hier seit Jahren die Eheschließungen Wolfenbütteler Brautpaare vollzieht.

❿ Das Noltesche Haus Stadtmarkt/Ecke Kanzleistraße

Das einst älteste Gebäude am Stadtmarkt steht an der Ecke der Kanzleistraße. Das hohe dreigeschossige Fachwerkhaus mit den vorkragenden Obergeschossen wurde vor 15 Jahren fast vollständig abgetragen und in gleicher Form wieder aufgebaut. Das ursprüngliche Haus hatte der Hofmaler Joachim Nolte (gest. 1618) 1604 errichtet, der am Hofe von Herzog Heinrich Julius tätig war.

Nachdem wir die Häuser am Stadtmarkt betrachtet haben, verlassen wir den Platz am Rathaus und biegen nach wenigen Schritten in die Krambuden ein. Die alten Häuser auf der linken Seite haben Arkadengänge, hinter denen sich jahrhundertealte Kaufläden befinden. Wir kommen dann, an einem Kaufhaus und an neuen Geschäftspavillons vorbei, zum Schloßplatz, dem Bereich der ehemaligen Dammfestung.

Krambuden im 19. Jahrhundert

⓫ Das ehemalige Kommandantenhaus Schloßplatz 19

Das erste Gebäude linker Hand, ein mächtiges Fachwerkhaus mit einem alten Portal aus dem Jahre 1605 und einem aufgemauerten Erdgeschoß, wurde zuletzt 1958–1960 sehr modernistisch restauriert und verändert. Es wurde Ende des 16. Jahrhunderts gebaut und war über Jahrhunderte hinweg das Haus des Stadtkommandanten. Hier wohnte zuerst der herzogliche Zeugmeister Cort Mente (gest. um 1576), der aus einer Glockengießerfamilie stammte und Glocken und Taufbecken, aber auch Geschützrohre gegossen hat.

Zu Lessings Zeit wurde das Haus von dem Rittmeister Ludwig Heinrich Freiherr von Brandenstein (gest. 1789) bewohnt, dessen Tochter, das Fräulein von Brandenstein, die »Herzensfreundin« von Malchen, Lessings Stieftochter Amalie König, war. Die Nachbarskinder wechselten mehrmals täglich Briefe, die ein kleiner Junge als eine Art »postillon d'amour« zwischen den beiden nahegelegenen Häusern (vgl. S. 53 f.) beförderte. Daß Lessing, der dieses Spiel entdeckte, hin und wieder Briefe abfing und geöffnet hat, beschämte die Mädchen, denn mit der Rechtschreibung haperte es bei beiden. Doch Lessing beruhigte sie und erklärte unumwunden, daß er einem geistreichen Frauenzimmer nichts bereitwilliger erlasse als die Orthographie.

Der Erziehung von Töchtern widmete sich in dem Kommandantenhause nach Lessings Tod ein berühmter Auf-

Innenhof des früheren Kommandantenhauses. Vor der Renovierung

klärungspädagoge, Ernst Christian Trapp (1745–1818), der zur Aufbesserung seines Gehalts ein Pensionat gründete. Er hatte in Halle den ersten Lehrstuhl für Pädagogik innegehabt und war 1786 von Herzog Carl Wilhelm Ferdinand nach Braunschweig berufen worden, um zusammen mit Joachim Heinrich Campe und anderen die Schulreform durchzuführen. Wie die Erziehungsmethoden in praxi aussahen, erlebte die Schriftstellerin Elisa von der Recke, die ihr Pflegekind nach dem Tod der Mutter, ihrer Freundin Sophie Schwarz, zu Trapps in Pension gegeben hatte:

»Wir logieren hier bei meinem Freunde Trapp, und ich habe in vollem

Maße das wehmütige Vergnügen genossen, mich an meinem kleinen Karl zu ergötzen. Das teure Kind meiner Sophie hat Geist und Lebenskraft, auch hat es viele Ähnlichkeit von seiner mir unvergeßlichen Mutter. Das Trappsche Ehepaar liebt meinen Karl als eignes Kind, und so praktische Erzieher, als Trapp und sein liebes Weibchen sind, fand ich noch nicht. Unter der Pflege dieser lieben Freunde entwickeln sich die Seelenkräfte meines kleinen Lieblings eben so sehr, als sein Körper an Kräften und Gesundheit gewinnt. Mir schien die Erziehung darin zu gekünstelt, daß er drei Sprachen zugleich erlernt, denn Trapp selbst spricht bloß Latein mit ihm, seine Wärterin Französisch, und alle andren sprechen Deutsch mit meinem zweijährigen Karl. Jetzt aber sehe ich, daß ein Kind nach dieser Methode drei Sprachen zugleich mit Leichtigkeit erlernt und daß die Entwicklung der Begriffe dadurch nicht leidet. Ich habe selten Kinder von zwei Jahren gefunden, die so deutlich als Karl sprechen und so viel Beurteilungskraft verraten, auch hat der Kleine viel Gedächtnis und unaufhörlich frohe Laune.«

Ernst Christian Trapp. Lithographie, 1826

Trapp war ein in Wolfenbüttel angesehener Aufklärer, befreundet mit vielen Zeitgenossen und ein Verehrer Lessings. »Giebt es hienieden wahre Weise, so war Trapp einer derselben«, schrieb Friedrich Karl von Strombeck (vgl. S. 96ff.). »Sein Haus, welches von seiner geistreichen, vielleicht etwas zu gefallsüchtigen Frau in musterhafter Ordnung erhalten wurde, war der Vereinigungsort der literarischen jungen Männer Wolfenbüttels. Dieser Zirkel empfing aber dadurch eine besondere Bedeutung, daß auch Trapps auswärtige Freunde, als Campe, Fr. Nicolai, Gleim, Elisa von der Recke usw. von Zeit zu Zeit in demselben erschienen.«

⓬ Das Kleine Schloß

Hinter einem hohen eisernen Gitter mit Putten auf den Pfeilern und einem prächtigen Tor befindet sich das sogenannte Kleine Schloß. Das heutige Gebäude wurde 1728–1730 im rechten Winkel zu dem alten Prinzenhaus errichtet, das, 1643 für den Erbprinzen Rudolf August erbaut, nach 1791 abgerissen wurde. Der ursprüngliche

Blick auf das Kleine Schloß, 19. Jahrhundert

Bau diente Anton Ulrich, dem jüngeren Bruder Rudolf Augusts, als Wohnsitz. Hier schrieb er nicht nur seine geistlichen Gedichte, sondern vor allem seine großen Barockromane *Die Syrerin Aramena* und *Die Römische Octavia,* Staatsromane, die jeweils mehr als 6000 Seiten umfassen.

Nachdem Anton Ulrich 1685 als Mitregent das herrschaftliche Schloß bezogen hatte, wurde in dem benachbarten Gebäude 1687 eine Ritterakademie als Ausbildungsstätte für junge Adlige gegründet. Es war ein ehrgeiziges Unternehmen, das nach einem italienischen Vorbild aus Turin entwickelt worden war. Die jungen Leute sollten auf ihre spätere Laufbahn als Regenten, Heerführer oder Hofbeamte durch Unterricht in Sprachen und Konversation, in Geschichte und Geographie, in Mathematik und Jurisprudenz vorbereitet werden. Einen breiten Raum nahmen daneben Übungen im Reiten, Fechten, Tanzen, Jagen und Kriegspielen ein. Unter der Leitung eines Oberhofmeisters wurden die jungen Prinzen und Adligen – darunter viele Engländer aus berühmten alten Adelshäusern – von Professoren unterrichtet, die meist ohnehin in fürstlichen Diensten standen.

Unter den Lehrern war der Architekturhistoriker Leonhard Christoph Sturm (1669–1719) am bedeutendsten, der aber schon bald Wolfenbüttel wieder verließ. Die Akademie florierte jedoch nicht so, wie es sich der ehrgeizige Herzog Anton Ulrich, der immer in Finanznöten steckte, wünschte, Ende 1712 wurde sie geschlossen. Leibniz gab den Lehrern, aber auch den Akademisten die Schuld, sie hätten »in allzu großer Freiheit gestanden« und »nicht allein gelernt, sondern auch sonst getan, was sie gewollt«. Daraus seien »Nachlässigkeit, Versäumnis der Exerzitien und Studien, liederliches Leben, Duelle, Schaden an Gesundheit, auch wohl am Leben« entstanden. Darüber hinaus hatte der Anspruch, europäische Bildung zu vermitteln, in einem allzu krassen Gegensatz zur höfischen Wirklichkeit gestanden. Der Wolfenbütteler Hof war zwar prächtig, doch nahm er sich im Vergleich zu Dresden und Berlin oder gar Paris und Madrid bescheiden aus.

Das Gebäude beherbergte im 18. Jahrhundert manchen prominenten Gast, zum Beispiel den Zarewitsch Alexej, den Sohn Peters des Großen, der 1711 die Wolfenbütteler Prinzessin Charlotte Christine Sophie heiratete. Und auch die Nachfeier der Doppelhochzeit in Salzdahlum 1733 fand in dem Festsaal statt: So weilte der spätere Preußenkönig Friedrich II. mit seinen Eltern an diesem Ort.

Das Fürstenhaus verkaufte das Kleine Schloß 1791 an den Drosten Johann Georg Conrad Raeber von Rodenberg (gest. 1822), der das alte Hauptgebäude wegen Baufälligkeit abtragen ließ. Aus dem erhaltenen rechten Flügel wurde ein Privathaus.

⓭ Das Schloß

Das mächtige Schloß mit dem herausragenden Hausmannsturm aus dem 16. Jahrhundert hat seine äußere Gestalt seit Lessings Zeiten nicht verändert, wenn man von dem Abbruch der hinter der ringförmigen Anlage gelegenen Schloßkapelle und den Hintergebäuden absieht.

Es war sicherlich als noble Geste der herzoglichen Familie gedacht, dem berühmten Dichter Gotthold Ephraim Lessing in dem damals leerstehenden Schloß eine Zimmerflucht als Wohnung anzubieten. So bezog der Wolfenbütteler Bibliothekar im zweiten Obergeschoß fünf Zimmer zum Schloßplatz hin. Man kann die acht Fenster, wenn man vor dem Gebäude steht – von der Mitte des Portals bis zur äußeren Ecke rechts –, zählen. Es waren zweifellos repräsentative Räume, ausgestattet mit herzoglichen Möbeln. Ein Hamburger Freund, der Ökonom Johann Georg Büsch (1728–1800), hat Lessing dort im Juni 1771 besucht. Ihm verdanken wir die Bemerkung über diese Wohnung »im obersten Mezzanino des Schlosses«: »sehr geräumig, aber eben deswegen unbequem«.

Lessing mag sich anfangs in der einsamen »Burg« zu Hause gefühlt haben, doch bald klagte er oft über sein »verwünschtes Schloß«. Sechs Sommer und fünf Winter lebte er dort, von seinen Aufenthalten in Braunschweig abgesehen, ohne Unterbrechung. »Es ist mein Wille nie gewesen, an einem Orte, wie Wolfenbüttel, von allem Umgange, wie ich ihn brauche, entfernt, Zeit meines Lebens Bücher zu

Gotthold Ephraim Lessing.
Kupferstich von J. D. Schleuen, 1770

hüten. Morgen tue ich das schon vier Jahre; und da ich … empfinde, wie viel trockener und stümpfer ich an Geist und Sinnen diese vier Jahre, trotz aller meiner sonst erweiterten historischen Kenntnisse geworden bin, so möchte ich es … nicht noch vier Jahre tun. Hier ist es aus, hier kann ich nichts mehr tun«, schrieb er 1774.

Dennoch: An diesem Ort hat Lessing im Winter 1771/72 eines seiner klassischen Stücke, das bürgerliche Trauerspiel *Emilia Galotti*, geschrieben, das ohne seine Anwesenheit am 13. März 1772 anläßlich des Geburtstags der regierenden Herzogin, Philippine Charlotte, von der Döbbelinschen Truppe in Braunschweig mit großem Erfolg aufgeführt wurde. Schon im Sommer 1770 hatte er hier die verschollen geglaubte Handschrift des *Berengarius* entdeckt und dazu einen Text verfaßt, andere bibliothekarische Schriften folgten. In den Räumen, die heute von der Museumsverwaltung genutzt werden, war neben anderen das Ehepaar Reiske zu Gast, ein berühmter Philologe aus Leipzig mit seiner jungen Frau Ernestine, die sich nach dem Tode ihres alten Mannes wohl Hoffnungen auf Lessing gemacht hatte.

Das Schloß selbst hat viele Bauphasen erlebt. Die mittelalterliche Burg, die an dieser Stelle stand, wurde mehrfach zerstört, so 1541 während des Schmalkaldischen Krieges, und zuletzt während der anhaltenden Belagerungszeit im Dreißigjährigen Krieg stark beschädigt. Die Herzöge bauten ihre Residenz immer wieder auf. Der letzte Schloßbauherr war Herzog August Wilhelm, der von 1714 bis 1731 regierte und dem Gebäude mit der Verblendung der Fassaden zum Schloßplatz hin das heutige Aussehen gab.

1451 taufte Kardinal Nikolaus von Kues hier die Herzogstochter Margarethe. Er blieb lange Zeit der einzige hohe katholische Kirchenfürst, der Wolfenbüttel besuchte, bis 1973 der römische Kardinal Willebrands die Bibliothek besichtigte und in der Augusteerhalle einen Vortrag vor katholischen und evangelischen Geistlichen hielt. Der gemeinsame Gesang der Anwesenden hinterließ einen bewegenden Eindruck ökumenischen Geistes. Herzog Heinrich d.J. (1489–1568), ein streitbarer Renaissancefürst, hielt in der Reformationszeit am katholischen Glauben fest. Martin Luther schrieb 1539 erbost ein Pamphlet *Wider Hans Worst.* Der Herzog blieb eine Antwort nicht schuldig, geriet aber 1542 nach der Belagerung der Dammfestung durch die evangelischen Fürsten – Lukas Cranach hat das Feldlager in einem berühmt gewordenen Stich verewigt – in Gefangenschaft und konnte erst nach deren Niederlage 1547 zurückkehren. Die Scheinbeisetzung seiner Geliebten, Eva von Trott, mit der der Fürst mehrere Kinder hatte, – eine geschnitzte Puppe lag statt der Leiche im Sarg – ist in die Geschichte eingegangen.

Der ungeliebte Sohn, Herzog Julius (1528–1589), der von 1568 bis 1589 regierte, führte die Reformation ein, setzte das Werk seines Vaters fort und wurde der eigentliche Städtebauer. Er gründete die Bibliothek, die später nach Helmstedt abgegeben wurde, und errichtete dort 1576 die Universität. Durch Handel und Gewerbe – eine geplante Okerschiffahrt und den erfolgreichen Bergbau im Harz – ordnete er die Finanzen des Landes und schuf mit seinem Kanzler Joachim Mynsinger eine moderne Verwaltung. Sein Sohn, Herzog Heinrich Julius (1564–1613), ein ebenso bedeutender

Das Schloß im Mondschein
Eine Postkartendarstellung, um 1900

Herzog Julius (rechts) mit seinen Söhnen. Ölbild von Hans Vredeman de Vries, 1590

Fürst – zugleich ein talentierter Schauspieldichter –, setzte den Aufbau fort, berief englische Komödianten an den Hof, ließ ab 1609 den *Aviso* drucken, eine der ältesten deutschen Zeitungen, und wirkte als Kanzler des Reiches am Kaiserlichen Hof in Prag fern seiner Heimat.

Nachdem unter seinem unglücklichen Sohn Friedrich Ulrich (1591–1634) die Residenz 1625 von den kaiserlichen Truppen besetzt worden war, begann unter Herzog August d. J. (1579–1666), der 1643 in das teilweise zerstörte Wolfenbüttel eingezogen war, eine Periode barocken Hoflebens im Schloß, dessen Mittelpunkt die musisch begabte dritte Gemahlin des Herzogs, Sophie Elisabeth (1613 bis 1676), war. Hier wuchsen auch die fürstlichen Kinder auf, drei Töchter und drei Söhne. Der älteste, Rudolf August (1627–1704), ein frommer büchersammelnder Fürst, übernahm nach dem Tode Herzog Augusts die Regierung, setzte seinen ehrgeizigen Bruder Anton Ulrich als Mitregenten ein und wies dem jüngsten, Ferdinand Albrecht (1636–1687), eine Residenz in Bevern bei Holzminden zu. Er war ein eigenwilliger Sammler und Dichter, der als der »Wunderliche« in die Geschichte eingegangen ist. Seit 1685 überließ Rudolf August die Regierung weitgehend Anton Ulrich und zog sich auf die Hedwigsburg bei Kissenbrück und nach Braunschweig zurück, jagte und widmete sich seinen literarischen und pietistischen Neigungen.

Herzog Anton Ulrich zu Braunschweig und Lüneburg. Schabkunstblatt, 1695

Prinzessin Elisabeth Christine, spätere Gemahlin von Kaiser Karl VI.

Prinzessin Charlotte Christine, spätere Gemahlin des Zarewitsch Alexej Petrowitsch

Unter Anton Ulrich erlebte die barocke Hofkultur ihre höchste Blüte: Mit dem Bau seines Schlosses Salzdahlum, zwischen Braunschweig und Wolfenbüttel gelegen, mit der Erweiterung seiner wertvollen Bildersammlung, der Eröffnung der Ritterakademie, der Berufung von Gottfried Wilhelm Leibniz als Bibliothekar, mit dem Bau der Bibliotheksrotunde und schließlich mit seiner europäischen Heiratspolitik.

Ludwig Rudolf (1671–1735), Anton Ulrichs Sohn, wuchs mit seinen Geschwistern im Schloß auf, mit seinem Namen wurde 1687 die Matrikel der Ritterakademie eröffnet. Der später in Blankenburg seiner Bücherleidenschaft lebende Fürst hatte im Schloß geheiratet, und seine drei Töchter, die hier geboren wurden, bezog der Großvater Anton Ulrich in seine politischen Pläne ein. Elisabeth Christine (1691–1750) mußte auf sein Geheiß zum Entsetzen der lutherischen Geistlichkeit zum katholischen Glauben übertreten und den spanischen König heiraten, der 1711 als Karl VI. deutscher Kaiser wurde. Die Wolfenbütteler Prinzessin wurde die Mutter der Kaiserin Maria Theresia. Ihre Schwester Charlotte Christine (1694–1715) heiratete den Zarewitsch Alexej, den Sohn Peters des Großen. Die unglückliche Ehegeschichte ist bekannt. Die Prinzessin, Mutter des Zaren Peter II., starb mit 21 Jahren im fernen Rußland, ihr Mann kam wenig später ebenfalls um.

Das Wolfenbütteler Schloß hat die Höhen und Tiefen fürstlicher Familiengeschichte erlebt. Nach dem Tode

Anton Ulrichs 1714 setzte sein Sohn August Wilhelm (1662–1731), der ältere Bruder Ludwig Rudolfs, das prunkvolle Hofleben fort, wozu er das Schloßgebäude modernisierte und ausbaute. Die letzten Fürstenkinder, die im Schloß das Licht der Welt erblickten, waren die Kinder von Herzog Carl I. zu Braunschweig und Lüneburg (1713–1780): Carl Wilhelm Ferdinand (1735–1806), seine Brüder, und als Jüngste, 1739 geboren, Prinzessin Anna Amalia (gest. 1807). Sie wurde, wie ihre Geschwister, von dem jungen Theologen Johann Friedrich Wilhelm Jerusalem unterrichtet. Niemand ahnte, daß sie es sein würde, die als Begründerin des Weimarer Musenhofs – Keimzelle der deutschen Klassik – das Erbe der langjährigen kulturellen Blüte Wolfenbüttels in Weimar fortführen würde.

Herzogin Anna Amalia von Sachsen-Weimar. Ölbild von Georg Melchior Kraus

Herzog Carl. Kaltnadelradierung nach L. La Fontaine

Carl I. hatte 1753 endgültig seinen Hof in die neue Residenzstadt Braunschweig verlegt. Das Wolfenbütteler Schloß stand leer.

1795 diente es französischen Emigranten als Zufluchtsort. Hier verbrachte Marschall Charles Eugène Gabriel Marquis de Castries (1727 bis 1800) im Kreise seiner Familie die letzten Lebensjahre, aufgenommen von seinem früheren Kriegsgegner, Carl Wilhelm Ferdinand, der nun sein großzügiger Gastgeber wurde.

Im 19. Jahrhundert beauftragte der Braunschweiger Hof den Architekten Karl Theodor Ottmer mit der Einrichtung eines Theatersaals im Schloß, der

Marquis de Castries. Ölbild von J. Boze

am 19. Mai 1835 mit Lessings *Emilia Galotti* eingeweiht und von Braunschweig aus bespielt wurde.
Doch erst durch Anna Vorwerk erhielt das Schloß eine neue Funktion. Die Tochter eines angesehenen Beamten hatte es geschickt verstanden, die berufserfahrene Henriette Breymann, Nichte und Schülerin des Pädagogen Friedrich Fröbel, aus der Verantwortung des von ihr ins Leben gerufenen »Vereins für Erziehung«, der Träger des 1866 im Schloß eröffneten Kindergartens war, zu drängen und ihre eigenen Ideen durchzusetzen. Anna Vorwerk entwickelte in den Schloßräumen das höhere Mädchenschulwesen, verbunden mit einem Lehrerinnenseminar, mit einem Internat und einer Gewerbeschule. Durch diese sogenannten Schloßanstalten wurde das fürstliche Gebäude gerettet. Noch heute beherbergt es das Schloßgymnasium.
Über eine steinerne Brücke, vorbei an den restaurierten Steinplastiken auf den Balustraden, betreten wir durch ein Portal, über dem das barocke fürstliche Wappen angebracht ist, auf einem Torweg den Innenhof des im letzten Jahrzehnt wiederhergestellten Schlosses.

Blick von der Schloßbrücke auf den Schloßplatz

Im ersten Obergeschoß sind seit 1955 die historischen Schloßräume zu besichtigen, ausgestattet mit Möbeln und Porträts der fürstlichen Familie. Die Einrichtung dieser Räume ist das Verdienst des Museumsdirektors Friedrich Thöne (1907–1975), der in seinem Buch *Wolfenbüttel – Geist und Glanz einer alten Residenz* (1963) erstmals die Bedeutung der Stadt in ihrer ganzen Breite dargestellt hat.
Seit wenigen Jahren ergänzen neue Räume die prächtigen Staatsappartements aus der Residenzzeit. Die Abfolge bürgerlicher Wohnräume aus dem 17., 18. und 19. Jahrhundert veranschaulicht die Geschichte der Stadt. Im zweiten Obergeschoß und in den unteren Räumen befindet sich seit 1991 die Bundesakademie für kulturelle Bildung.
Wenn man nach der Besichtigung den Schloßhof verläßt und noch einmal zum Wappen hinaufblickt, liest man in goldenen Lettern: Parta tueri, zu deutsch: Überliefertes bewahren.
Wir gehen nun an der Balustrade entlang in Richtung Bibliothek. An einem umzäunten Baum verweilen wir einen Moment.

⓮ Ein vergessenes Denkmal

Die mit einem Eisengitter eingezäunte Linde wurde, wie auf den beiden Plaketten zu lesen, 1906 zur Erinnerung an einen prominenten Theaterbesucher, Herzog Wilhelm zu Braunschweig und Lüneburg (1806–1884), gepflanzt. Er war der letzte Regent des mit ihm ausgestorbenen Hauses Braunschweig, und die Wolfenbütteler

Das 1919 abgebrannte Schloßtheater

verdanken ihm den Bau des Theatersaals (vgl. S. 35 f.). »Herzog Wilhelm, der Lustspiele und leichte Spielopern bevorzugte, zeigte durch regelmäßige Besuche sein Interesse an dem ›Hoftheater im Schloß Wolfenbüttel‹ und kam in den ersten Jahren bis 1848 oft in einer von Grauschimmeln gezogenen Equipage, die von einem Vorreiter mit brennender Pechfackel geleitet wurde, nach Wolfenbüttel.« (W. Kelsch) Das letzte Stück vom Lechlumer Holz her legte er mit seinem Adjutanten zu Fuß zurück. »Das nahm allerdings [1848] ein jähes Ende«, erzählt Paul Eyferth, »als ein paar hartgesottene 48er Demokraten – die Namen waren seinerzeit noch unbekannt – ihn bei diesem Gange ›angerempelt‹ hatten. Dergleichen konnte Serenissimus natürlich nicht vertragen, und er hat seitdem das Theater nicht wieder besucht.«
Wir setzen unseren Weg fort, überqueren zwei Straßen, die das Bibliotheksquartier durchschneiden, und gehen

auf dem Bürgersteig zwischen Kornspeicher und Turnhalle entlang zum Schiffwall und biegen dann in den Rosenwall ein, eine durch Abtragen der Festungsanlagen entstandene, heute sehr befahrene Straße.

⓯ Die Schünemannsche Mühle

An dieser Stelle stand zu Lessings Zeiten die sogenannte Neue Mühle, die 1890 durch das heutige Gebäude ersetzt wurde. Doch Korn wird hier seit langem nicht mehr gemahlen. Das Haus wurde 1989 restauriert und zum Gästehaus der Bundesakademie für kulturelle Bildung umfunktioniert.

⓰ Lessingakademie
Rosenwall 1

Der langjährige Direktor der Bremer Volkshochschule Günter Schulz (1906–1986) gründete 1971 gemeinsam mit der Herzog August Bibliothek in Wolfenbüttel eine Lessingakademie mit dem Ziel, im Zeichen Lessingscher Toleranz die Erforschung der Aufklärung zu fördern und die Beziehungen zum Judentum und zu Israel zu pflegen. Zahlreiche Veranstaltungen und Veröffentlichungen (*Wolfenbütteler Studien zur Aufklärung*, seit 1974) widmen sich dieser Aufgabe. Seit einiger Zeit hat die Lessingakademie ihren Sitz in diesem Hause.

⓱ Das Elster- und Geitel-Haus
Rosenwall 14

Das heute zur Großen Schule (vgl. Nr. 19) gehörige, nach den beiden Physikern Julius Elster und Hans Geitel benannte und umgebaute Haus wurde um 1860 für den Musikalienverleger Ludwig Holle gebaut und 1928 von dem Technikum einer Ausbildungsstätte für technische Berufe erworben. Nach dem Zweiten Weltkrieg wurde es in eine Ingenieurakademie am nördlichen Stadtrand umgewandelt, aus der sich 1971 die heutige Fachhochschule für Maschinenbau entwickelte.

⓲ Direktorhaus
der Großen Schule
Rosenwall 13

Dieses Haus aus dem ausgehenden 19. Jahrhundert bewohnte Wilhelm Brandes (1854–1928), der von 1893 bis 1919 die benachbarte Große Schule, Rosenwall 12, leitete und als Freund und Biograph Wilhelm Raabes dem in Braunschweig lebenden Dichter sehr nahestand. Wenn sich diese im »Weghaus« in Stöckheim mit ihren Freunden, die sich die »Kleiderseller« nannten, beim Wein trafen, deklamierte Brandes manchmal eigene humoristische Gedichte, die ihm den Namen »Barde Brandanus« einbrachten. Im übrigen schrieb er Balladen, die im Wolfenbüttel der Jahrhundertwende gern gelesen wurden.

⓳ Die Große Schule
Rosenwall 12

Die Wolfenbütteler Lateinschule, 1543 gegründet, bezog 1879 dieses neue wilhelminische Schulgebäude, in dem sich noch heute eines der drei

Die Große Schule, um 1900

Gymnasien der Stadt befindet. Die Einweihung der neuen Schule war allerdings kein Ruhmesblatt für Lessings Wolfenbüttel. Die reaktionäre Schulaufsicht setzte sich bei dem Streit, ob die Aula neben den Büsten Luthers und Melanchthons mit der Büste Lessings oder der Bernhard von Clairvaux' geschmückt werden solle, durch und entschied sich für den letzteren als Sinnbild vorreformatorischen Christentums.

Wilhelm Raabe schrieb dazu seinem Bruder Heinrich am 19. Oktober 1879: »Das neue Wolfenbütteler Gymnasium hat man ja recht hübsch in der Furcht des Herrn eingeweiht! Schadet gar nichts, daß wir nicht dabei als ›alte Herren‹ zugegen gewesen sind. Von Einem aber bin ich fest überzeugt, nämlich daß der wirckliche Praeceptor Germaniae Lessing seinen Platz an der Wand mit dem allergrößten Vergnügen dem Kreuzzugs-Pfaffen Bernhard von Clairvaux eingeräumt hat ...«

Wir verlassen die Straße an der Großen Schule und gehen den Pfad zur Rechten durch die Grünanlage aufwärts, über den Rosenberg, und erreichen die Rosengasse, durch die wir in die Neue Straße kommen. Wir wenden uns nach rechts.

⑳ Die Wohnung von Adam Kuckhoffs Schwiegereltern Neue Straße 30

Das prächtige breite Haus ließ der fürstliche Bauverwalter Johann Heinrich Strauss zwischen 1740 und 1750 bauen, wobei die Steinbauweise durch Schlämmen des Fachwerks vorgetäuscht wurde. Seit 1911 wohnten hier die Schwiegereltern des Schriftstellers Adam Kuckhoff. Marie Viehmeyer (1890–1959), die Tochter des Bürgerschullehrers Karl Viehmeyer, studierte als eine der ersten Frauen aus dem Herzogtum Braunschweig seit 1909 in Halle und lernte dort einen Kommilitonen kennen, der ebenfalls

Adam Kuckhoff mit seiner Frau Marie und ihren Eltern, 1921

deutsche Philologie studierte: den späteren Dramaturgen und Schriftsteller Adam Kuckhoff (1887–1943). Das Paar heiratete 1913. Marie wurde Schauspielerin und veröffentlichte unter dem Pseudonym Marie Paulun Gedichte. Als sie sich 1923 von ihrem Mann trennte, heiratete Kuckhoff in zweiter Ehe ihre Schwester Gertrud. Bei seinen Besuchen in Wolfenbüttel ärgerte sich der Verehrer Lessings, wie sehr dessen Andenken vernachlässigt wurde. »In der Bibliothek hauste bis vor kurzem ein schrulliger Gelehrter (gemeint ist Gustav Milchsack, vgl. S. 78; d. Verf.), der lauter erste Bände voll sonderbarer Hypothesen über allerhand abseitige Themen schrieb, und Lessing in jedem Sinne einen toten Mann sein ließ«, schrieb Kuckhoff 1924 in der *Frankfurter Zeitung*.

Am 7. Januar 1928 veröffentlichte er am selben Ort einen ausführlichen Artikel über das Lessinghaus, der in Braunschweig so viel Staub aufwirbelte, daß immerhin ein paar Räume zum Lessingjahr 1929 hergerichtet wurden. In dem Artikel heißt es: »Heute noch ist Lessing für das weitere Volksbewußtsein der ›Mann im Winkel‹, der Denker verekelter Schullektüre... Viele Tausende machen alljährlich dem Geist von Weimar an Ort und Stelle ihre Aufwartung. Wieviele verirren sich in den ›Winkel‹, obwohl dieser Winkel auch ohne Lessing zu den bezauberndsten Deutschlands gehört? Wolfenbüttel, Schauplatz des erschütternden Kampfes Lessings, es auch

Adam Kuckhoff mit seiner zweiten Frau Gertrud, 1924

einmal so gut haben zu wollen wie andere, hat wie keine zweite Stadt den Charakter der Zeit bewahrt. Zwar sind seine Tore gefallen, die umschließenden Wälle zu üppigen nachtigalldurchsungenen Anlagen geworden, aber in der Stadt selbst kannst du noch den Weg gehen, den der herzogliche Bibliothekar gegangen ist… an denselben alten Häusern vorbei, ja, es will scheinen, stellenweise auf demselben Pflaster. Und wie damals sieht das ›verwünschte‹ Schloß mit seiner großmannssüchtig kaschierenden Fachwerkfassade auf das hohe Mansardendach des einstöckigen Hauses herunter, das Lessings letzte Lebens- und Schaffensjahre umschloß.«

Adam Kuckhoff, der sich auch in seinen Schriften leidenschaftlich für das Andenken Lessings einsetzte, stellte sich der Intoleranz und dem Antihumanismus Hitlerdeutschlands mutig entgegen. Er schloß sich der Widerstandsgruppe um Harro Schulze-Boysen an und brachte diesen mit dem preußischen Regierungsrat Dr. Arvid Harnack zusammen. Die Gruppe, die von der Gestapo den Namen *Rote Kapelle* erhielt, wurde 1942 verraten, 118 Beteiligte wurden verhaftet. Adam Kuckhoff wurde mit vielen seiner Gefährten am 5. April 1943 in Berlin-Plötzensee hingerichtet.

㉑ Das Kurt Lindner-Haus Neue Straße 31

Das äußerlich wenig attraktive, neu gebaute Haus ist seit 1988 ein Gästehaus der Herzog August Bibliothek. Es wurde nach dem Industriellen und Jagdhistoriker Prof. Dr. Dr. h.c. Kurt Lindner (1906–1987) aus Bamberg benannt, der als erster Präsident der 1971 gegründeten *Gesellschaft der Freunde der Herzog August Bibliothek* dank seiner guten Kontakte zur Regierung und seines praktischen Sinns, seiner Liebenswürdigkeit und Lebenserfahrung zur Neukonzeption der Herzog August Bibliothek wesentlich beigetragen hat und der als Verfasser grundlegender jagdgeschichtlicher Werke bekannt ist.

An der nächsten Ecke bleiben wir stehen und blicken in die hier einmündende Okerstraße. Die beiden ersten Häuser auf der linken Seite sind erwähnenswert.

㉒ Das Wilhelm Raabe-Haus Okerstraße 16

Eine alte Gedenktafel an dem Fachwerkhaus mit dem hohen Giebel, in dem sich heute eine beliebte italienische Gaststätte befindet, erinnert an den Dichter, dessen Name wie der Lessings mit Wolfenbüttel verbunden ist: Wilhelm Raabe (1831–1910). Die früh verwitwete Mutter, Frau Justizamtmann Raabe, zog mit ihren vier Kindern 1845 von Eschershausen am Solling nach Wolfenbüttel – dort lebten ihre Brüder – und wohnte fortan im ersten Obergeschoß dieses geräumigen Hauses.

Der junge Raabe besuchte die Große Schule, die sein Onkel Justus Jeep (1799–1884) leitete. Er war kein guter Schüler, verließ die Schule vorzeitig, machte 1849–1853 eine Buchhändlerlehre in Magdeburg und bezog 1854 die Universität Berlin. Ohne Examen kehrte er zur Enttäuschung der besorgten Mutter 1856 in das Haus an der Okerstraße zurück. Als der Sohn ihr das Manuskript seines ersten Buches, der *Chronik der Sperlingsgasse*, überreichte, soll sie ausgerufen haben: »Ach, Wilhelm, es wird ja doch wieder nichts.« Sie konnte nicht glauben, daß aus ihm etwas Vernünftiges werden würde.

Doch der junge Autor, der liebevoll an seiner Mutter hing, ließ sich nicht beirren. Er knüpfte Kontakte zu Verlegern und Redakteuren an, und in den Jahren 1856–1862, als er hier wohnte und schrieb, entwickelte er sich zu einem erfolgreichen Erzähler und Romanschriftsteller.

»Des Dichters Arbeitszimmer lag nach Osten und dem Garten hinaus, in dem sich alte schöne Zier- und Obstbaume (Gravensteiner!), deren Zweige in die Fenster hineinragten, und mehrere lange, von altem, hohem Buchsbaum eingefaßte Blumenbeete fanden. Selbstverständlich gab es auch eine eigene lauschige Familienlaube in dem an dichtem Gesträuch sehr reichen Garten sowie auf dem benachbarten, von vielen Ställen und Scheunen und Speichern umgebenen holprigen Hofe

Unten: Wolfenbütteler Arbeitszimmer. Zeichnung von Wilhelm Raabe, um 1860
Rechts: Das Wilhelm Raabe-Haus, um 1950

Wilhelm Raabe (Mitte) und seine Wolfenbütteler Freunde, 1862

einen sogenannten Schuckebrunnen: Ergenug ein Dorado für einen angehenden Dichter und Schriftsteller«, erzählt Wilhelm Raabes Vetter, der Heimatforscher Friedrich Jeep (1850 bis 1922). Hier entstanden die frühen Erzählungen und Romane, darunter *Die Kinder von Finkenrode*, *Die schwarze Galeere*, *Unseres Herrgotts Kanzlei.* Reisen führten den jungen Autor in diesen Jahren nach Österreich und Süddeutschland. Er schrieb begeisterte Briefe nach Hause, so am 9. Juni 1859 an seine Mutter aus Linz: »Sorge nicht um mich l. M. wenn einmal ein Brief länger ausbleiben sollte; ich lebe und lerne! Es ist eine herrliche Zeit! – Haltet die Köpfe oben, u. bleibt munter u. gesund; schreibt mir ausführlich, was bei Euch vorgeht im Großen u. Kleinen; ich muß mir jetzt die Stadt, die Maximilian'schen Thürme, das Landes-Museum, den Dom u. das Theater von innen und außen ansehen! Lebt recht, recht wohl und vergnügt u. grüßt die Familie, Adolf Glaser u. meine Wolfenb. Freunde von Eurem WR.«

»Meine Wolfenbütteler Freunde« – das sind jene Gefährten auf dem alten Foto aus dem Jahre 1862: die jungen Juristen Wilhelm und Gustav Spies, Karl Justus v. Schmidt-Phiseldeck und Karl Schrader. Wie sich in diesem Jahr Wilhelm Raabes Leben änderte, werden wir auf einem späteren Spaziergang erfahren (vgl. S. 104 f.).

㉓ Das Haus von Georg Caspar Schürmann Okerstraße 15

Das ebenfalls sehr sorgfältig sanierte alte Fachwerkhaus gehörte zu Beginn des 18. Jahrhunderts dem Hofkapellmeister Georg Caspar Schürmann (1672 oder 1673–1751), einem der Musiker, durch die Wolfenbüttel in die Musikgeschichte eingegangen ist. Schürmann war seit 1697 am Hofe des Herzogs Anton Ulrich tätig, machte 1701 eine Studienreise nach Italien und kehrte nach einem Zwischenspiel in Meiningen 1707 zurück. Seine zahlreichen Opern nach mythologischen oder nationalen Stoffen wurden in Braunschweig uraufgeführt.

Wir setzen unseren Weg durch die Neue Straße bis dorthin fort, wo das alte Straßenbild heute durch Neubauten beeinträchtigt ist.

㉔ Das Glümersche Haus Neue Straße 37

Hier wohnte eine in die Freiheitskämpfe der Revolutionszeit von 1830 verwickelte Familie. Gotthelf August Weddo von Glümer (1767–1848), ein pensionierter Offizier, hatte einen Sohn, der als Burschenschaftler und liberaler Publizist in die Demagogenverfolgungen der dreißiger Jahre geriet und mit seiner Familie von Stadt zu Stadt flüchten mußte und dessen Tochter Claire von Glümer (1825 bis 1906) später eine bekannte Schriftstellerin wurde. Claire von Glümer stand 1848 ihrem Vater während der Nationalversammlung in der Frankfurter Paulskirche zur Seite, kehrte später nach Wolfenbüttel zurück, wo sie als Kind glückliche Ferienzeiten verbracht hatte. Mit ihrer Freundin Auguste Scheibe hielt sie sich 1849/50 mit einem am Rosenwall gegründeten Mädchenpensionat über Wasser. Als ihr Bruder 1850 wegen »demagogischer Umtriebe« in Dresden zuerst zum Tode, dann zu einer hohen Gefängnisstrafe verurteilt wurde, versuchte die Schwester mit Freunden, den Gefangenen auf der Festung Waldheim zu befreien. Als das Aben-

Claire von Glümer, um 1900

teuer scheiterte, wurde Claire selbst für einige Zeit in Sachsen inhaftiert und hielt sich anschließend wieder in Wolfenbüttel auf, ehe sie ihrem Bruder nach dessen Begnadigung 1859 nach Dresden folgte.
In ihren Büchern hat Claire von Glümer die unruhigen Zeiten geschildert. Wolfenbüttel aber blieb ihr in guter Erinnerung. In der Geschichte ihrer Kindheit, *Aus dem Flüchtlingsleben (1833–1839)*, beschreibt sie das biedermeierliche Familienleben im Hause der Großeltern Ende der zwanziger Jahre: »Zu Michaelis [1829] zogen wir in die Stadt auf die neue Straße ... Wie behaglich fühlten wir uns in der großen Wohnstube, wo unter den in Bogen aufgesteckten blendendweißen Mullgardinen Reseden dufteten, in Messingbauern Kanarienvögel sangen, und auf niedriger, sich unter den drei Fenstern hinziehender Estrade – wir Kinder nannten sie den Thron – drei Nähtischchen standen. Am Tisch zur linken strickte die arme blinde Tante Agnes; am Mittelfenster nähte die Großmutter; am letzten Fenster saß meine geliebte Tante Adolfine, Vaters jüngste Schwester. So schöne blonde Locken, so strahlende blaue Augen mußten Schneewittchen, Aschenbrödel, Dornröschen und alle guten Feen gehabt haben. – Ich bewunderte Alles, was die schöne Tante tat.«

25 Das Haus der Malerfamilie Pickhardt
Neue Straße 6

Hinter der Häuserzeile befindet sich, früher an einem vorüberfließenden Okerarm gelegen, das Haus, in dem der Hofmaler Heinrich Christoph Pickhardt (1699–1767) mit seiner Familie seit 1731 wohnte. Wie sein Sohn Johann Heinrich Pickhardt (1744–1813) war auch er im Braunschweigischen als Blumenmaler bekannt. Eine Wandbespannung mit Tanzmotiven ist in dem Privathaus Reichsstraße 3 überliefert, eine Freskendecke im Venussaal des Schlosses.

㉖ Das Geburtshaus von Eduard Brinckmeier Neue Straße 5

Eduard Brinckmeier (1811–1897) war ein vielseitiger Literat, Übersetzer und Redakteur. Mehrfach unschuldig oder selbstverschuldet aus der bürgerlichen Lebensbahn geworfen, hat er sich mit seinen zahlreichen Übertragungen aus dem Englischen und Französischen, seinen Büchern über die spanische Sprache und Literatur und schließlich mit seinen praktischen Gartenbüchern Verdienste erworben. Er lebte seit 1847 in Braunschweig und war dort eine stadtbekannte Persönlichkeit.

㉗ Das abgebrochene Bindseilsche Haus früher Neue Straße 43

Wo heute die Rückfront eines Parkhauses zu sehen ist, stand bis 1977 ein schönes altes Fachwerkhaus, dessen Abbruch die engagierten Bürger der *Aktionsgemeinschaft Altstadt* nicht verhindern konnten. Hier war einst die Bindseilsche Druckerei, die zu Lessings Zeiten Johann Wilhelm Bindseil gehörte. Dieser hatte die Buchdruckerwitwe Sophia Catharina Bartsch geheiratet, deren verstorbener Mann wiederum die Druckerei im 17. Jahrhundert von der Familie Biß-

Das Amtsgericht und das abgerissene Bindseilsche Haus (rechts)

marck übernommen hatte. Das Geschäft läßt sich bis ins 16. Jahrhundert zurückverfolgen. In Wolfenbüttel wurden seit 1565 regelmäßig Bücher gedruckt. Lessing, der mit der Familie Bindseil in der Neuen Straße gut bekannt war, ließ hier einige seiner Schriften drucken.

Der Sohn, Christian Wilhelm Bindseil (1756–1835), führte die elterliche Druckerei fort. Seit 1787 wurde hier die *Zeitung für Städte, Flecken und Dörfer, insonderheit für die lieben Landleute, alt und jung* gedruckt, das älteste Tageblatt in Deutschland. Ihre Nachfolgerin, die *Wolfenbütteler Zeitung*, erschienen in Heckners Verlag, mußte 1993 ihr Erscheinen einstellen. Die sog. *Rote Zeitung*, von Pastor Hermann Werner Dieterich Bräss (1738–1799) in Dettum redigiert, dessen Nachfolge der Drucker selbst antrat, war in der Zeit der Aufklärung wegen ihrer freimütigen Berichterstattung über die Französische Revolution berühmt. Wie sehr sich der Redakteur als Aufklärer im Sinne Lessings verstand, geht bereits aus der ersten Nummer vom 25. November 1786 hervor:

»Die Zeitungen, so wie sie sind, sind nicht für uns geschrieben und gedruckt. Und doch wäre es gut und hätte seinen Nutzen, wenn man auch für uns Landleute welche hätte, die so was enthalten, was uns angeht, daß wir immer klüger und besser würden in der Welt, und dabey vergnügter, und, wenn es mit Ehren geschehen könnte, auch reicher; die deutsch wären, daß mans verstehen könnte, und nicht so lang, wie die andern; dann läse man sie wol, und hörte auch wol gern mal was neues, um ein gescheut Wort mit einander zu sprechen, auch den Kindern was in die Hände zu geben, daß sie uns vorlesen könnten des Abends im Winter, oder wenn die Zeit dazu übrig ist.«

In dem abgerissenen Haus wohnte lange Jahre der bereits erwähnte Bürgermeister Paul Eyferth.

㉘ Das heutige Amtsgericht Am Alten Tore 1

Wir stehen am Ende der Neuen Straße vor einem dreiflügeligen Haus mit einem zur Straße offenen Hof, dessen rechter Teil dem Neubau des Amtsgerichts weichen mußte. Das ehemalige Hofbeamtenhaus beherbergte im 19. Jahrhundert das Kreisgericht. Von den einstigen Bewohnern sei nur ein Kollege und Zeitgenosse Lessings erwähnt, der spätere Geheime Justizrat Siegmund Ludwig Woltereck (1725 bis 1796), Sohn des Lokalforschern bekannten Archivars Christoph Woltereck (1686–1735), der ein noch heute nützliches *Begräbnisbuch der Kirchen B. M. V. zu Wolfenbüttel* hinterlassen hat. Siegmund Ludwig Woltereck schrieb in Wolfenbüttel verlegte Gedichte (1756), die allerdings im Gegensatz zu Lessings Werken längst vergessen sind.

Wir biegen nun in die Straße Am Alten Tore ein, gehen an der nächsten Ecke nach rechts und befinden uns in der Stobenstraße.

Franz Ernst Brückmann. Kupferstich nach J. K. Eichler

㉙ Das Haus von Franz Ernst Brückmann Stobenstraße 5

Das hübsche Haus, das sich wegen seiner Größe von den kleinen Häusern dieser Nebenstraße abhebt, gehörte im 18. Jahrhundert einem damals berühmten Gelehrten, Franz Ernst Brückmann (1697–1753), der dort seit 1728 wohnte. Er war ein beliebter Arzt und ein fleißig sammelnder und publizierender Gelehrter, dessen Büchersammlung ebenso berühmt war wie sein Naturalienkabinett. Er schrieb über die Schätze der Natur, als die exakte Naturforschung noch in den Kinderschuhen steckte, und so findet man unter seinen Schriften manche Kuriosität. Er befaßte sich mit der Braunschweigischen Mumme und beschrieb eine »Fliegenfalle zu gänzlicher Ausrottung der unverschämten Fliegen«; er untersuchte Mißgeburten und stellte dar, wie die Maden aus dem Käse zu vertreiben oder Hunde vor Tollwut zu schützen seien. In dem Haus wurde auch sein Sohn, Urban Friedrich Benedikt Brückmann (1728–1812), geboren, der in Braunschweig Leibarzt und Professor des anatomischen Instituts wurde. Er war mit Lessing bekannt, der seine Arbeiten über die Edelsteine außerordentlich schätzte. Er behandelte den kranken Dichter in Braunschweig und war in seiner Sterbestunde bei ihm.

Urban Friedrich Benedikt Brückmann. Kupferstich von D. Chodowiecki, 1776

30 Das Haus von Lessings Diener Stobenstraße 10

Wir würden den Namen jenes Bedienten nicht kennen, wenn er nicht in einer Aufstellung zu Lessings Nachlaß erwähnt würde: Joseph Pförtner, der zwischen 1779 und 1781 Romane aus der Bibliothek auslieh, hatte nach Lessings Tod noch Anspruch auf 25 Taler. Zum Hausstand des Dichters gehörten nach Eva Königs Tod eine Magd, Clara Gundermann, und eben dieser Diener, an den sich Malchen, d.h. die spätere Postmeisterswitwe Amalie Henneberg, im Alter erinnerte. »Aufwartung bedurfte er [Lessing] wenig, und sein Bedienter hatte daher äußerst faule Tage bei ihm. Um ihn zu schonen, nahm er ihn auch nicht einmal mit nach Braunschweig, wenn er hier längere Zeit verweilte; sondern er begnügte sich dann mit einem alten Lohnlakai Mackwitz, von dem er freilich auch wenig Trost hatte, und den er selbst treffend mit den Worten charakterisierte: ›Sein Name ist der einzige Witz an ihm‹.«

Wir gehen die Stobenstraße bis ans Ende und überqueren dann eine Okerbrücke. Die reizvolle Ansicht der am Wasser gelegenen Rückfronten der alten Häuser heißt seit langem im Volksmund »Klein-Venedig«. An dem Hansteinschen Eckhaus vorbei biegen wir in den Kleinen Zimmerhof ein, gehen vorbei an dem schmalsten Haus in Wolfenbüttel, das nur zwei Fenster breit ist, und kommen so durch die Krambuden zum Stadtmarkt zurück.

Die Bibliotheca Augusta mit Lessinghaus in den dreißiger Jahren

Zweiter Spaziergang
Das Bibliotheksquartier und die Auguststadt

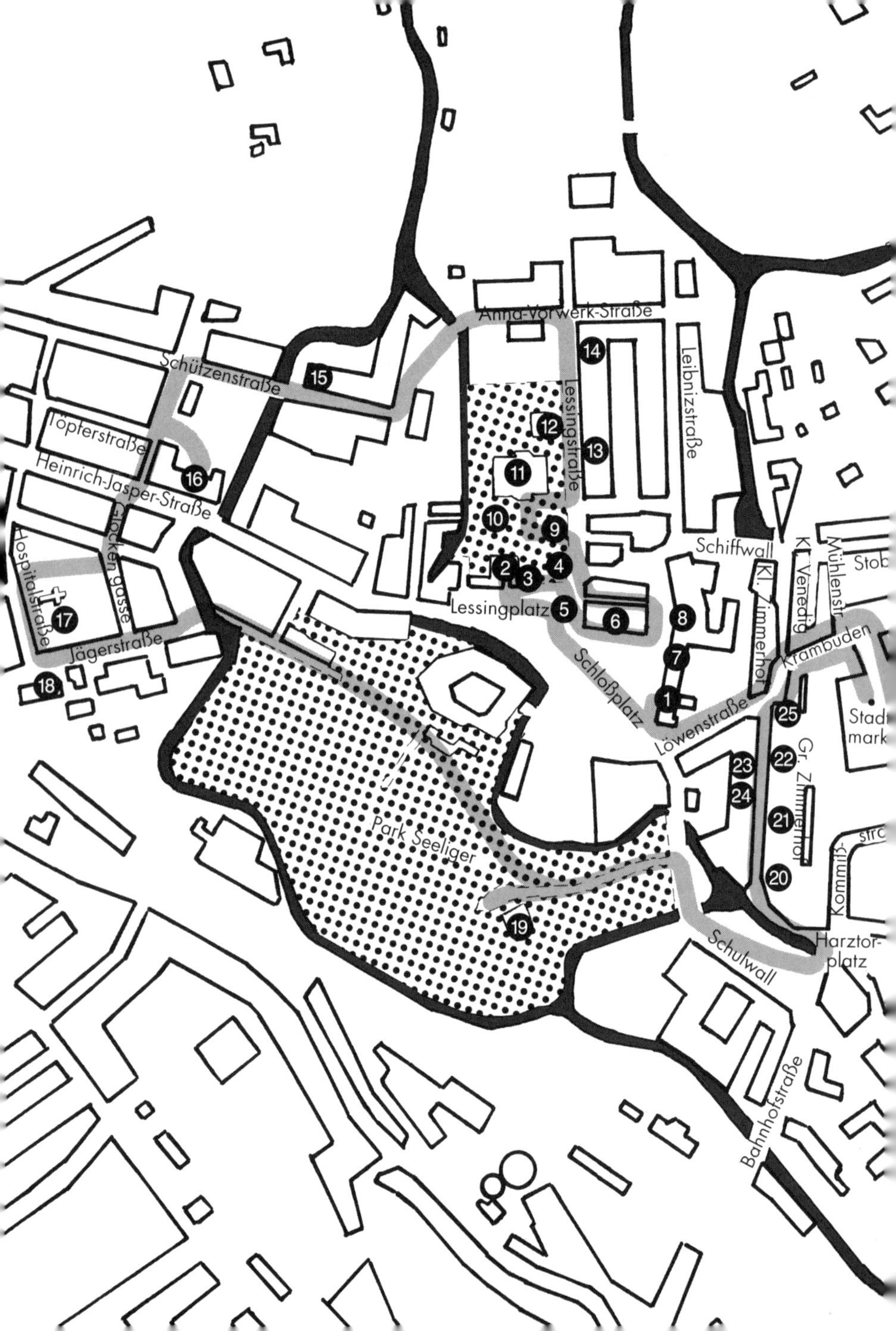

Anna-Vorwerk-Straße
Schützenstraße
Lessingstraße
Leibnizstraße
Töpferstraße
Heinrich-Jasper-Straße
Glockengasse
Hospitalstraße
Jägerstraße
Lessingplatz
Schloßplatz
Schiffwall
Kl. Zimmerhof
Kl. Venedig
Mühlenstr.
Krambuden
Löwenstraße
Gr. Zimmerhof
Park Seeliger
Schulwall
Harztor-
platz
Bahnhofstraße
1
2
3
4
5
6
7
8
9
10
11
12
13
14
15
16
17
18
19
20
21
22
23
24
25

Wir gehen vom Denkmal Herzog Augusts auf dem Stadtmarkt, wie beim ersten Spaziergang, die Krambuden entlang und durch die Löwenstraße zum Schloßplatz, biegen nach rechts ein und betrachten die Häuserfront mit den drei großen Fachwerkhäusern, die den Platz nach Osten hin begrenzen.

❶ Das Meißnersche Haus Schloßplatz 2

Das dreigeschossige stolze Gebäude – das Fachwerkhaus ist lindgrün gestrichen – gehört seit 1984 zum Wolfenbütteler Bibliotheksquartier. Über dem Eingang liest man auf der 1929 angebrachten Tafel:

»In diesem Hause verbrachte G.E. Lessing das glücklichste Jahr seines Lebens 1776–1777.«

»Wann werde ich einmal in Ruhe und Einsamkeit Ihnen und mir selbst leben können«, hatte Lessing auf dem Rückweg aus Italien verzweifelt an Eva König geschrieben. Einen Monat später, Anfang März 1776, war er endlich wieder in Wolfenbüttel. Die lange Reise hatte die Beziehung zwischen den seit fünf Jahren Verlobten auf eine harte Probe gestellt. Nun sahen sich beide am Ziel ihrer Erwartung. Auch Eva König hatte nach der Regelung ihrer Geschäfte in Wien, weshalb sie dort drei Jahre zubringen mußte, »keinen anderen Wunsch ... als mit Ihnen ruhig und zufrieden zu leben, in welchem Land, in welchem Ort ist mir gleich viel«, wie sie nach Wolfenbüttel schrieb.

Schließlich, am 8. Oktober 1776, heiratete das Paar auf dem Gut des Freundes Schuback in York im Alten Land bei Hamburg, und gemeinsam mit den drei Kindern aus Eva Königs erster Ehe fuhren die beiden Glücklichen nach Wolfenbüttel. Amalia, genannt Malchen, war fünfzehn, Engelbert elf und Friedrich Wilhelm, genannt Fritz, acht Jahre alt. Der Älteste, Theodor, 1757 geboren, wuchs in Heidelberg auf.

Die Familie – mit Mädchen, Diener und Aufwartefrau acht Personen – bezog also das hohe herrschaftliche Haus am Schloßplatz. Lessing hatte die erste Etage monatsweise mitsamt den vorhandenen Möbeln gemietet. Man verbrachte das Jahr »ruhig und zufrieden«, wie Eva Lessing es sich gewünscht hatte. Sie lernte die Bibliothek kennen und Lessings wenige Freunde am Ort, den hilfsbereiten Drost von Döring mit seiner hübschen Frau, den witzigen Arzt Dr. Topp, den Rektor Heusinger und dessen späteren Nachfolger, Christian Leiste. Die Magd im Hause, Clara Gundermann, besorgte die Küche, so daß Eva sich um die Kinder kümmern konnte.

Malchen König hat die bürgerliche Idylle überliefert. Wie es manchmal mittags im Hause Lessing zuging, erfahren wir von ihr: »Bei seiner großen Gastfreiheit kam es sehr häufig vor, daß er [Lessing] unmittelbar vor Tisch ausgehungerte Bibliotheksbesucher als Tischgäste mitbrachte und sich dann auch wohl bei den Damen des Hauses treuherzig zu entschuldigen pflegte: ›Ich habe die Leute bitten müssen; wenn Ihr nicht reicht, so gebt mir Schinken und Eier.‹ Die Seinigen aber,

Schloßplatz mit dem Meißnerschen Haus, 19. Jahrhundert

die von gleich gastfreundlichen Gesinnungen beseelt waren, kamen daher nie in Verlegenheit. Leckerbissen gab es freilich an seiner Tafel nicht, denn Lessing, kein Freund der Gourmandise... begnügte sich mit einer anständigen und kräftigen Hausmannskost.«
Einer dieser Gäste war im April 1777 der junge Historiker Ludwig Timotheus Spittler (1752–1810) aus Göttingen. Er berichtet: »In Wolfenbüttel war ich fast 3 Wochen, und es waren 3 der glücklichsten und lehrreichsten meines Lebens, da mir Lessing einen völlig freyen Zutritt in sein Haus und einen eben so völlig ungehinderten Gebrauch der dasigen Bibliothek gestattete. Ich weiß nicht, ob Sie Lessing persönlich kennen. Ich darf Sie versichern, daß er der größte Menschenfreund, der thätigste Beförderer aller Gelehrsamkeit, der hülfreichste und herablassendste Gönner ist. Man wird unvermerkt so vertraut mit ihm, daß man schlechterdings vergessen muß, mit welch' grossem Manne man umgeht; und, wenn's möglich wäre, mehr Menschenliebe, mehr thätiges Wohlwollen irgend wo anzutreffen, als bey Lessing, – so wär's bey Lessing's Gattin. Eine solche Frau hoffe ich nimmer mehr kennen zu lernen. Die unstudirte Güte des Herzens; immer voll der göttlichen Seelenruhe, die sie auch durch die bezauberndste Sympathie allen mittheilt, welche mit ihr umzugehen das Glück haben. Das Beyspiel dieser grossen würdigen Frau hat meine Begriffe von ihrem Geschlecht unendlich erhöht; und vielleicht bin ich noch viel zu kurz in W. gewesen, um sie nach allen ihren Vorzügen kennen zu lernen.«
Lessings Vermieter waren die Brüder Meißner, die das bankrotte Erbe ihres

Rechts: Eva Lessing. Ölbild von George Desmarées, 1773

1771 verstorbenen Vaters, des Hofbuchhändlers Johann Christoph Meißner, abwickelten. Letzterer hatte 1721 die Buchhandlung seines Partners, Gottfried Freytag aus Hannover, übernommen, der kurz zuvor das stattliche Haus gebaut hatte. Die Buchhandlung – Verlag und Sortiment – florierte, die höfische Gesellschaft war eine lesende Gesellschaft. Es gab viele reiche Privatbibliotheken in der Stadt. Das blühende Geschäft war Ausdruck der letzten Glanzzeit der Residenz. Mit dem Fortzug des Hofes und der Beamten ging es mit Meißners Buchhandlung – wie anderen Geschäften – abwärts. Anfang der sechziger Jahre mußte Meißner sein Lager von mehr als 30 000 Büchern verschleudern. So blieb den ohnehin wohl nicht tüchtigen Söhnen nichts anderes übrig, als die Buchhandlung aufzugeben. Sie hatten die Beletage geräumt, und so konnte Lessing dort vorübergehend einziehen, denn dem »Hofrat« – den Titel hatte Lessing kurz vorher verliehen bekommen – war ein angemessenes Haus in Aussicht gestellt worden.

Wir gehen die immer noch den Schloßplatz durchschneidende Fahrstraße weiter, am Zeughaus vorbei, überqueren die Straße und stehen vor dem Eingang von Lessings letzter Wohnung.

❷ Das Lessinghaus
Lessingplatz 2

Es ist ein ungewöhnliches, ein schönes Haus, dessen Hof wir durch eine Pforte betreten: ein reizvolles Gebäude, dreiflügelig und eingeschossig mit einem hohen ausgebauten Mansardendach und harmonisch gestalteten Dachgauben um den kleinen Innenhof mit Rosenbeeten und gepflasterten Wegen. Es fällt völlig aus der Ordnung der Wolfenbütteler Fachwerkarchitektur heraus. Gebaut wurde es 1730 oder 1736 für den Oberkammerdiener Johann Adolf Schäffer gegenüber dem Schloß ohne Wagenremise, die ein solch Privilegierter nicht benötigte. Das Haus stand damals zwischen der Bibliotheksrotunde, dem Fürstlichen Brauhaus und der Dammmühle. Alle drei Gebäude stehen heute nicht mehr.

Es war nicht leicht, den Hofgerichtsschreiber Grasshoff, den Schwiegersohn Schäffers, zu bewegen, das Haus für den Hofrat Lessing zu räumen. Am 1. Juli 1777 aber stand es leer, und für mehr als tausend Taler wurde es von Maurern und Zimmerleuten, Tischlern und Glasern, Schlossern, Klempnern und Malern von Grund auf renoviert. Man kann sich leicht ausmalen, wie Lessings Frau den Handwerkern Anweisungen gab, damit das Haus ihrem Mann und ihren Kindern gefallen möge. Auch den Garten mit Apfel- und Birnen-, Pflaumen- und Zwetschgen-, Aprikosen- und Kirschbäumen wird sie in Besitz genommen haben. Aber es war Eile geboten, denn Eva Lessing war hochschwanger. Der Ofensetzer war noch nicht fertig, als die Familie kurz vor Weihnachten 1777 das Haus bezog. Für Lessing waren die Zimmer im rechten Flügel vom Seiteneingang hergerichtet worden. Daneben befindet

Das Lessinghaus, um 1860

sich der kleine Saal mit den Medaillons des Herzogspaares in den Ecken der Stuckdecke. Der mittlere Raum, der Gartensaal, sollte als Speisesaal dienen, im linken Flügel waren Küche und Wirtschaftsräume, die Stiefkinder hatten ihre Zimmer in der Mansarde erhalten.

Das Zimmer rechts vom Gartensaal war für Eva Lessing eingerichtet worden. Die inzwischen Einundvierzigjährige wurde am ersten Weihnachtstag von einem Sohn entbunden. Das schwächliche Kind, Traugott getauft, starb am dritten Tag. »Meine Freude war nur kurz«, schrieb der verzweifelte Lessing seinem Freunde Eschenburg im Dezember 1777. »Und ich verlor ihn so ungern, diesen Sohn! denn er hatte so viel Verstand! so viel Verstand! – Glauben Sie nicht, daß die wenigen Stunden meiner Vaterschaft, mich schon zu so einem Affen von Vater gemacht haben! Ich weiß, was ich sage. – War es nicht Verstand, daß man ihn mit eisernen Zangen auf die Welt ziehen mußte? daß er sobald Unrath merkte? – War es nicht Verstand, daß er die erste Gelegenheit ergriff, sich wieder davon zu machen? – Freylich zerrt mir der kleine Ruschelkopf auch die Mutter mit fort! – Denn noch ist wenig Hoffnung, daß ich sie behalten werde. – Ich wollte es auch einmal so gut haben, wie andere Menschen. Aber es ist mir schlecht bekommen.«

Am 10. Januar 1778 starb Eva Lessing. »Meine Frau ist todt! und diese Erfahrung habe ich nun auch gemacht. Ich freue mich, daß mir viel dergleichen Erfahrungen nicht mehr übrig seyn können zu machen und bin ganz leicht«, schrieb Lessing an Eschenburg. Er war stumm vor Schmerz. Das Haus, das man später nach ihm nennen würde, war zum

Lessing. Büste von C. F. Krull, 1782

Schauplatz seiner Lebenstragödie geworden. »Aber wenn Du sie gekannt hättest! Du wirst mich, fürchte ich, nie wieder so sehen, als unser Freund Moses mich gefunden hat: so ruhig, so zufrieden, so in meinen vier Wänden«, heißt es in einem Brief an den Bruder Karl.

Noch drei Jahre lebte Lessing in dem Hause. Malchen König umsorgte den gebrochenen Stiefvater, der das Sterbezimmer seiner Frau bezog. Hier entfachte er die Polemik mit dem Hauptpastor Goeze, und hier schrieb er den *Nathan.* Seine »Einsamkeit teilte mit ihm nur sein treues Kätzchen, welches gewöhnlich auf seinem Arbeitstische Platz nahm, und einst, krank wie sein Herr, das kostbare Manuscript des *Nathan* beschmutzte, ohne daß sich der Dichter die Mühe des abermaligen Abschreibens verdrießen ließ«, erinnerte sich Malchen Jahrzehnte später. Besucher waren ihm eine willkommene Zerstreuung. »Ich bin mit H. Sturz einige Tage in Wolfenbüttel gewesen, und ich brauche Ihnen nicht zu sagen, wie angenehm sie mir bei H. Leßing verfloßen«, schrieb Heinrich Christian Boie an Friedrich Nicolai am 30. Mai 1778.

Mit den Gästen, die in der Bibliothek arbeiteten oder von Braunschweig herüberkamen, saß man im Gartensaal zusammen, trotz aller Schwermut gelegentlich ein Ort heiterer Geselligkeit. Johann Anton Leisewitz hat solche Begegnungen in seinem Tagebuch notiert: »Nach Tische wurde Caffee getrunken und Toback geraucht, teils im Garten, teils im Saale« (17.7. 1780).

Eines Tages meldete sich bei Lessing ein Livländer namens Könemann mit einem Hund, der so verkommen aussah wie sein Herr. Dieser behauptete, ein Philosoph zu sein, der an einer Schrift über die höhere Bestimmung des Menschen arbeite. »Geben Sie mir eine Kammer in Ihrem Hause, und geben Sie mir Brod; ich will mein Buch hier fertig schreiben.« Die wunderliche Gestalt gewann das Vertrauen Lessings. Er gab ihm ein Zimmer, und dieser lebte auf Lessings Kosten.

Lessing im Gespräch mit Moses Mendelssohn.
Zeichnung von F. Werner, 1875

Lessing hatte längst gemerkt, daß er einem Scharlatan aufgesessen war. Doch er war zu höflich, als daß er den Fremden fortgeschickt hätte. Dieser ging aus freien Stücken – nach fünf Monaten.

In Braunschweig pflegte Lessing den Umgang mit Alexander Daveson (1755–1813), einem Kunsthändler und Publizisten. Als dieser 1780 in Not war, lud ihn Lessing nach Wolfenbüttel ein. Er bewohnte nach Könemann die vorderen Räume. »Ich habe das Glück gehabt, mehrere Jahre hindurch Lessings vertrautere Freundschaft zu genießen. Er war mein Freund, mein Lehrer, mein Beschützer … Man muß Lessing in dem Zirkel seiner Familie und einiger vertrauten Freunde gesehen haben. Man muß ihn gehört haben, wenn er über Wahrheit, über Tugend und Menschenwohl sprach. Man muß ihn gehört haben, wenn sein Herz in Dankbarkeit für empfangene Güte, in Bewunderung grosser Talente, und erhabener wohlthätiger Handlungen, oder in Verachtung gegen vornehme Laster und Hofschwänke überströmte. Man muß die Wärme gefühlt haben, womit er den glücklichen Freund warnte, belehrte; den Unglücklichen tröstete, beschützte. Es war hier, wo man den Schöpfer des Tellheims, des Odoardo's, des Nathans in seiner Schöpfung sehen und bewundern konnte!«

Einen anderen Gesprächspartner fand Lessing im Herbst 1780 in dem Schriftsteller Friedrich Heinrich Jacobi (1743–1819), der mit Goethe befreundet war und mit dem Lessing stundenlang über den Philosophen Spinoza diskutierte. Jacobi veröffentlichte 1785 diese Gespräche, die damals großes Aufsehen erregten. In Jacobi hatte Lessing den letzten Freund gefunden. Er interessierte ihn mehr als die vielen Braunschweiger Bekannten, in deren Gesellschaft er sich immer wieder und so auch zu Beginn des Jahres 1781 zu zerstreuen suchte, wenngleich er immer kränker wurde. In Braunschweig starb Lessing am 15. Februar 1781 und wurde auf dem Magni-Friedhof begraben (vgl. S. 160ff.).

Das Haus blieb nach Lessings Tod für ein Jahrhundert Bibliothekarswohnung. Eine Tafel zur Erinnerung an ihn wurde erst 1881 über dem Eingang angebracht.

Lessings Nachfolger, Ernst Theodor Langer (1743–1820), ein Leipziger Jugendfreund von Goethe, der ihm in *Dichtung und Wahrheit* ein Denkmal setzte, war ein griesgrämiger, kauziger und pedantischer Gelehrter, der die Bibliothek vierzig Jahre leitete, lästige Benutzer abwies und jahrzehntelang kein Buch anschaffte. Er ließ an seinem Amtsvorgänger kein gutes Haar, indem er behauptete, dieser habe die Bibliothek in völlige Unordnung gebracht. Ein Wolfenbütteler Zeitgenosse, Friedrich Karl von Strombeck, hat ihn so beschrieben: »Stets bei seinen griechischen Klassikern sitzend und die Phrasen derselben mit den Leistungen der Lexikographen vergleichend … oder für die Göttingenschen gelehrten Anzeigen recensirend, hielt er jede Stunde für verloren, die er einem Fremden amtswegen, als Bibliothekar aufzuopfern verpflichtet war.

Gleich einer Festung war sein Haus verschlossen, und drang je Jemand, der mit ihm literarische Geschäfte abzumachen hatte, bis zu ihm ein, so fand er einen Unzufriedenen, dem man es leicht ansah, wie leid es ihm that, auf eine Viertelstunde die Feder aus der Hand legen zu müssen.«

Dies erlebten auch zwei enthusiastische junge Romantiker, Heinrich Wilhelm Wackenroder und Ludwig Tieck, bei ihrem Besuch im Frühjahr 1794: »Sie hatten sich an Ort und Stelle eingefunden, als nach längerem Zögern der Bibliothekar in feierlicher Amtswürde erschien, in Schuhen und Strümpfen und dem besten gelehrten Putze«, schreibt Tiecks Biograph. »Mochte er nun die Meldung falsch verstanden, oder bessere Leute erwartet haben, als er sah, daß die angekündigten Fremden nichts mehr und nichts weniger waren, als ein paar Göttinger Studenten, trat er ihnen barsch mit der Frage entgegen, was ihr Begehren sei. Wackenroder, der es übernommen hatte, mit dem borstigen Gelehrten zu sprechen, wurde durch diesen Empfang in nicht geringe Verlegenheit gesetzt. Schüchtern brachte er endlich heraus, der Herr Hofrath Heyne habe die Güte gehabt, ihnen eine Empfehlung an den Herrn Bibliothekar aufzutragen. ›Ich weiß gar nicht‹, fuhr Langer ärgerlich dazwischen, ›was mir der Herr Hofrath Heyne für Empfehlungen schickt, bei denen niemals etwas herauskommt.‹ Tieck hatte unterdessen einen alten Druck auf einem der Bücherbretter ins Auge gefaßt, und da der Zorn des Bibliothekars sich noch weiter ergießen wollte, trat er respectvoll mit der Bemerkung vor, man habe um die Erlaubniß bitten wollen, jenen alten Druck auf kurze Zeit außer der Bibliothek zu benutzen. Dies wurde nach einigem Widerstreben gewährt, und die Freunde waren froh, der gelehrten Löwenhöhle zu entkommen.«

Mit der Zeit wurde Langer mehr und

Ernst Theodor Langer

mehr zu einem Original, wie aus den Beobachtungen unseres Wolfenbütteler Gewährsmannes geschlossen werden kann: »In seiner Kleidung hatte er seit seinen Leipziger Jahren, in denen ihn Göthe kannte, keine Veränderung getroffen; als ein lebendiges Bild einer früheren Zeit sah man ihn Sommers in einem gestreiften seidenen Hofrocke, frisirt und mit einem Haarbeutel; im Winter aber im Ueberrocke, mit einer Taille von der Länge, wie sie in den 70ger Jahren des vorigen Jahrhunderts nach dem neuesten Geschmacke gewesen war.«

Als der Bibliothekar Otto von Heinemann, einer der späteren Nachfolger Lessings, 1884 das Haus aufgab, weil es ihm zu feucht und zu kalt war, bestand die Gefahr, daß auch Lessings Haus abgerissen würde, wie es ein paar Jahre danach mit der Bibliotheksrotunde geschah. Das konnte jedoch verhindert werden: Städtische Behörden bezogen das Haus. Dem schon erwähnten Artikel von Adam Kuckhoff (vgl. S. 40 f.) war es dann zu verdanken, daß wenigstens die drei Nordzimmer als Erinnerungsstätte eingerichtet wurden.

Erst 1968, am Ende der Amtszeit des Bibliotheksdirektors Erhart Kästner, wurde das Lessinghaus der Bibliothek zurückgegeben und zehn Jahre später endlich nach sorgfältiger Restaurierung als Museum für Lessing eingeweiht. Die Räume des heute einladenden, freundlichen Hauses sind schlicht eingerichtet. Lessings Möbel wurden bereits 1781, nach seinem Tod, versteigert. Nur sein Schachtischchen wurde dem Museum aus Familienbesitz gestiftet. Doch in Bildern, Dokumenten, Büchern und Textblättern mit Zitaten aus Lessings Schriften werden sein Leben und Wirken in Wolfenbüttel und Braunschweig vermittelt.

Das Lessinghaus, um 1900

Vor allem aber lädt das Haus zum Verweilen ein, denn es soll Erinnerung stiften. Der Gartensaal steht für Dichterlesungen und Empfänge zur Verfügung. Im früheren Wirtschaftsflügel wurden zwei Gästezimmer eingerich-

tet. Der Schriftsteller Jean Améry war der erste Gast, bald danach kam der Lessingbiograph Dieter Hildebrandt. Seither wohnten viele prominente Autoren und Wissenschaftler unter Lessings Dach.

Mit Leib und Seele fühlte sich Ingrid Götze dem Schicksal Lessings verbunden. Hingebungsvoll hütete sie viele Jahre das Haus. Eines Tages trat ein Herr, ein entfernter Verwandter der Lessing-Familie, in die Tür, verbeugte sich und sagte: »Lessing.« Frau Götze, die erwartungsvoll hinter ihrem Tresen thronte, sprang auf und antwortete: »Götze.« So wurde doch noch wahr, was zu Lessings Lebzeiten nicht geschah. Lessing begegnete Goeze.

Nachdem wir das Lessinghaus besichtigt haben, verweilen wir für einen Augenblick auf der Wiese zwischen Zeughaus und Lessinghaus.

❸ Das Nathan-Denkmal

Das Denkmal von Erich Schmidtbochum (geb. 1913), den die Stadt Wolfenbüttel nach dem Kriege sehr gefördert hat, ist ein Zeitdokument aus den sechziger Jahren. Auf einem hohen Steinsockel steht eine Bronzefigur, deren Gesichtszüge dem berühmten Schauspieler und Nathan-Darsteller Ernst Deutsch nachgebildet sind. Das Denkmal war von Anfang an umstritten. Die Wolfenbütteler Künstler hätten gern Ossip Zadkine für die Aufgabe gewonnen.

❹ Die abgerissene Bibliotheksrotunde

Auch wenn es sie nicht mehr gibt, hat man an die berühmte, die damalige Dammfestung überstrahlende Bibliotheksrotunde zu erinnern. Sie stand zwischen Lessinghaus und der heutigen Turnhalle. Die südöstliche Ecke des Gebäudes kam der nordwestlichen des Kornspeichers nahe, dessen Giebel 1877 abgerissen wurde.

Im 17. Jahrhundert stand an dieser Stelle das Marstallgebäude, das sich Herzog August nach seinem Einzug in Wolfenbüttel 1643 als Fürstliche Bibliothek einrichtete. In den beiden ineinander übergehenden Sälen war an den Wänden und auf den Mittelregalen in zwanzig Abteilungen nach Format und Höhe die damals größte Bibliothek in Europa geordnet, die wegen ihres Umfangs und ihrer Aufstellung als »achtes Weltwunder« besungen wurde.

Herzog August war lange Zeit sein eigener Bibliothekar. Er kaufte Jahr für Jahr Bücher im Wert von 10 000 bis 15 000 Talern mit Hilfe von Agenten, die überall in Europa für den Büchersammler in Wolfenbüttel tätig waren. Unter dem Dach hatte er sein Studierzimmer, dort lag auf dem Bücherrad sein Katalog, dort war er von seinen Manuskripten umgeben: ein moderner Hieronymus, ein Universalgelehrter und Bücherfürst. Doch er war auch ein begeisterter Reiter, und so waren im Erdgeschoß die Pferdeställe, darüber die Büchersäle.

Auf den Grundmauern dieses Marstallgebäudes wurde 1705–1710 – vermutlich nach den Ideen des regierenden Herzogs Anton Ulrich – von dem Landbaumeister Hermann Korb nach dem Vorbild der Villa rotunda von Palladio ein Neubau errichtet, der durch Platzmangel notwendig geworden war: die Bibliotheksrotunde, ein Fachwerkbau. Das Erdgeschoß blieb – wie zuvor – ein Stallgebäude. Über eine doppelläufige Treppe im Risalit des Vorbaus kam man in den von Säulen gestützten hohen Bibliothekssaal, den eine ovale Kuppel überwölbte und durch dessen Seitenfenster das helle Oberlicht hereinströmte. An den Wänden der beiden Geschosse, die durch Treppe und Galerie miteinander verbunden waren, standen die 150 000 Schriften, vor allem aus Herzog Augusts Besitz. In den vier Ecken waren Kabinette, unter anderem für Handschriften und Bibeln eingerichtet.

Das Bibliotheksgebäude, erst 1723 bezogen, fand in der Radcliffe Camera in Oxford eine berühmte Nachahmung. Die Kuppelbauten der späteren

Herzog August d. J. zu Braunschweig und Lüneburg.
Pinseltechnik mit Kreidegrundierung, 1666

Nationalbibliotheken in London, Paris, Wien und Berlin stehen in der Tradition der Wolfenbütteler Bibliotheksrotunde. Sie ist oft beschrieben worden, so zum Beispiel 1794 von dem Dichter Friedrich Matthisson: »Dies Gebäude überrascht durch seine kühne Bauart. Es ist eine Rotunde, welche den Tag durch die Kuppel erhält, und sich daher einer ebenso günstigen Erleuchtung rühmen kann wie das Pantheon in Rom.«

Diese Bibliotheksrotunde war Lessings Bibliothek. Sie war seine, wie er einmal bekannte, »verlobte Braut«. Seinem Vater schrieb er, bald nach seiner Ankunft, am 27. Juli 1770: »Ich wünschte in meinem Leben noch das Vergnügen zu haben, Sie hier herumführen zu können, da ich weiß, was für ein großer Liebhaber und Kenner Sie von allen Arten von Büchern sind.«

Die »Fürstliche Bibliothek« war wegen ihres Baus wie wegen ihrer reichen Bestände sehenswert. Aus aller Welt kamen Besucher und wurden von dem Bibliotheksdiener herumgeführt. Hohen Gästen und Freunden pflegte Lessing das Haus und seine Schätze selbst zu zeigen: der Herzogin Anna Amalia mit ihren Söhnen, Friedrich Nicolai, den Braunschweiger Freunden und vielen anderen. Mendelssohn, mehrfach Gast seines Freundes in Wolfenbüttel, soll bei dem Anblick der Büchermassen in der Rotunde ausgerufen haben: »Welche erstaunliche Menge von Büchern und wie wenig weiß man!«

Zum Mißfallen seines Nachfolgers besichtigten nach dem Tode Lessings viele Besucher seinetwegen die Bibliothek. Ein Reisender schrieb 1789: »Von der Bibliothek brauche ich Dir wenig zu sagen, da sie weltberühmt ist... Schade für das Publikum, daß ihr letzter Aufseher, Leßing, nicht zweymal leben konnte. Was seine Feinde auch sagen mögen, so bleibt

Herzog August in seiner Bibliothek. Kupferstich von C. Buno, 1651

Die abgebrochene Bibliotheca Augusta. Zeichnung von R. Geißler, 1881

dieser Mann doch immer einer der ersten, größten und originellsten Köpfe Deutschlands, der den Ruhm der deutschen Litteratur auch bey den Ausländern mit gründen half.« Und Elisa von der Recke notierte 1791 in ihrem Tagebuch: »Wir besahen die Bibliothek in Wolfenbüttel, die mir dadurch heilig ist, weil Lessing dort Bibliothekar war.«

Die Bibliothek blieb zwar auch im 19. Jahrhundert ein beliebtes Besichtigungsziel für viele bekannte und weniger bekannte Besucher, doch sie bewahrte im wesentlichen nur noch Vergangenes. Die Zeit war seit Lessings Tod stehen geblieben. Sie lud lediglich »zu jenem stillen literarischen Genusse ein, der sich ohne eigennützige Berechnung in der Erinnerung vergangener Zeit ergeht und verliert«, schrieb der Bibliothekar Friedrich Adolf Ebert 1826.

Im Laufe der Zeit wurde das Gebäude immer baufälliger. Auch wurde es durch hinzugekommene Neuerwerbungen zu klein. So forderte der Bibliothekar Otto von Heinemann seit Mitte der siebziger Jahre des 19. Jahrhunderts einen Bibliotheksneubau, der ihm auch bewilligt wurde. Daß er aber dazu die ehrwürdige Bibliotheksrotunde, Lessings Bibliothek, 1887 abreißen ließ, anstatt sie als Kulturdenkmal zu erhalten, gehört zu den nicht wieder gutzumachenden Untaten menschlicher Unvernunft.

Anna Vorwerk war Zeugin des Ab-

Abriß der Bibliotheksrotunde, 1887

bruchs der alten Bibliothek. In der ersten Nummer ihrer *Blätter aus dem Schlosse* schrieb sie im Herbst 1887: »Am 8. August fiel der Galeriekranz auf der Kuppel der alten Bibliothek. Langsam wurden die mächtigen Balken entfernt, welche in geschickter Weise die rundliche Kuppelform nachgeahmt hatten; donnernd sanken die gewaltigen Holzpfeiler zwischen den Bogenfenstern; vorsichtig löste man das wenig haltbare Fachwerk auf, aus dem der größte Teil des Gebäudes bestand, und zerschmetternd stürzte die massive Vorderseite auf die Gewölbe des Erdgeschosses. Nach einigen Wochen sah man nur noch gewaltige Steinberge, unzählbare Haufen von Schalbrettern und die langhingestreckten, gewaltigen Riesen aus den Harzbergen, welche 180 Jahre lang den interessanten Centralbau des alten Landbaumeisters Korb gestützt hatten.«

❺ Das Lessing-Denkmal

Zwischen der Bibliotheksrotunde und dem Eingang zum nahen Zeughaus stand Lessings Denkmal, das ihm »einige seiner danckbaren Zeitgenossen 1795« errichtet hatten. Heute steht es im Vestibül der Bibliotheca Augusta. Lessing hatte nach seinem Tode so viele Verehrer wie Feinde.
Gerade deshalb setzte sich der Schauspieldirektor Gustav Friedrich Wilhelm Großmann (1746–1796) in Hannover seit 1788 für die Errichtung eines Denkmals an dem letzten Ort seines Wirkens ein; er sammelte, unterstützt von seinem Freund Joachim Heinrich Campe in Braunschweig und vielen anderen, die notwendigen Gelder. Der Gothaer Bildhauer Friedrich Doell wurde mit dem Werk beauftragt. Er schuf das aus Blankenburger Marmor bestehende, mit vier Reliefs versehene Monument in der Form eines antiken Grabmals: auf der einen Seite das Bildnis Lessings, auf der Rückseite die allegorischen Masken von Komödie und Tragödie sowie zu beiden Seiten Inschriften in vergoldeten Antiqualettern:
G. E. LESSING / WEISER. DICHTER / DEVTSCHLANDS. STOLZ / EINST / DER. MVSEN. VND. SEINER / FREVNDE. LIEBLING. / Und: IHM / ERRICHTETEN. DIESES / DENKMAHL / EINIGE / SEINER. DANCKBAREN / ZEITGENOSSEN / MDCCLXXXXV.

Lessings Denkmal

Bibliotheksrotunde zwischen Schloß und Zeughaus. Stich von J. G. Beck, um 1771

Das Denkmal wurde im Juli 1796 aufgestellt, es fand jedoch keine Enthüllung statt. Der Bibliothekar Langer war empört, weil er nichts vorher erfahren hatte. Aber auch bei der Wolfenbütteler Bevölkerung erregte es Mißfallen, daß Freunde Lessing ein öffentliches Denkmal setzten, denn es gab nicht wenige, die in Lessing einen gottlosen Mann sahen. Der Wachtposten vor dem Zeughaus mußte ein Auge auf das Monument haben, denn »der Pöbel«, heißt es in den zeitgenössischen Berichten, wolle das Denkmal »demolieren«. So wurde es schließlich 1806 in das Vestibül der alten Bibliothek versetzt und kam von dort 1887 in das neue Haus.

Wir setzen unseren Rundgang fort und betreten das vor uns liegende Gebäude mit dem stattlichen Portal.

❻ Das Zeughaus

Der 1619 fertiggestellte Spätrenaissancebau ist in seiner harmonischen Form mit den drei Zwerchgiebeln und den beiden hohen Giebelfronten neben dem Schloß das beherrschende Gebäude am Schloßplatz. Das eindrucksvolle Hauptportal lädt zur Besichtigung ein. Das Zeughaus diente bis in die höfische Zeit als Waffenarsenal. In der wiederhergestellten dreischiffigen Renaissancehalle des Erdgeschosses lagerten die schweren Geschütze, vor allem die von allen Besuchern bewunderten Langrohre, darunter der »Wilde Mann«. Die im Harz gegossenen und geschmiedeten Geschützrohre von drei Meter Länge waren reich verziert. Sie waren die Prunkstücke in Herzog Julius' Waffenkammer.

Als 1984 mit dem früh verstorbenen Festungshistoriker Hartwig Neumann (1942–1992) an diesem Ort eine große Ausstellung *Architekt und Ingenieur* vorbereitet wurde, war es gelungen, das damals im Zeughaus Unter den Linden, dem Historischen Museum in Ostberlin, aufbewahrte Geschützrohr für diese Zwecke auszuleihen. Der Transport wurde zu einer ungewollten Aktion deutsch-deutscher militärischer Zusammenarbeit: Der aus Braunschweig kommende Tieflader wurde von Soldaten der NVA, der Nationalen Volksarmee, in Ostberlin beladen, und bei der Ankunft in Wolfenbüttel standen Pioniere der Bundeswehr bereit, die das tonnenschwere Geschützrohr auf die Lafette in der Zeughaushalle aufwuchteten!

Als die Bibliotheksrotunde gebaut wurde, war die Bibliotheca Augusta von 1705 bis 1723 im Obergeschoß aufgestellt und zugänglich. Dort hat sie der bekannte Reisende Conrad Zacharias Uffenbach 1709 besucht und davon berichtet. Nach dem Fortzug des Hofes diente das Gebäude für anderthalb Jahrhunderte als Schloßkaserne und der Schloßplatz als Exerzierplatz der Soldaten. Später wurde das Zeughaus als Lagerhalle genutzt, nach dem Zweiten Weltkrieg für Flüchtlingsunterkünfte, einen Einkaufsmarkt sowie ein beliebtes Maleratelier.

1974 wurde das Zeughaus von der Bibliothek übernommen, vollständig saniert, die Halle freigelegt und – als Zentrum des Bibliotheksquartiers – zur Forschungsbibliothek ausgebaut. Um auch Besuchern, die nicht in der Bibliothek arbeiten, das Haus in seiner eindrucksvollen Schönheit zugänglich zu machen, wurde im Erdgeschoß ein eigener Teil für wechselnde Ausstellungen eingerichtet, der ebenfalls 1981 eröffnet wurde.

Wir gehen nach der Besichtigung an der äußeren Front des Hauses entlang und stehen vor dem linken der drei Hofbeamtenhäuser aus dem 18. Jahrhundert.

❼ Das Anna Vorwerk-Haus Schloßplatz 4

Das Fachwerkgebäude mit der Jugendstilfassade, das seit 1975 von der Bibliothek genutzt wird, wurde um 1700 gebaut. Hier wohnte der Landbaumeister Hermann Korb (1656–1735), der u.a. die Bibliotheksrotunde und die St. Trinitatiskirche (vgl. S. 110f.) in Wolfenbüttel gebaut hat. Viele Herrenhäuser in der Umgebung tragen seine Handschrift. Er wirkte unter den Herzögen Anton Ulrich und August Wilhelm mit bei der Vollendung der Gestaltung der Altstadt, wie wir sie heute kennen.

Im 19. Jahrhundert erwarb die Familie Vorwerk das Haus mit dem kleinen Saal und dem rückwärtigen Balkon. Hier wuchs Anna Vorwerk (1839–1900) auf, und hier lebte sie später als Schulleiterin, die durch die Einrichtung der »Schloßanstalten« mit Kin-

Anna Vorwerk

dergarten, Mädchengymnasium und Lehrerinnen-Seminar sowie den Bau des Feierabendhauses (vgl. S. 144) als Vorkämpferin der Frauenbewegung in die Geschichte der Pädagogik wie die der Stadt Wolfenbüttel eingegangen ist.

Sie war eine typische Vertreterin des wilhelminischen Zeitalters: zielstrebig, autoritär, idealistisch. In einem Nachruf heißt es: »Sie arbeitete einerseits mit Energie und zäher Ausdauer, andererseits mit warmer Liebe an der Ausführung ihrer Pläne; darum gelang ihr so vieles ... Mit einem durchdringenden scharfen Verständnis vereinte sie große Wärme und Innigkeit des Gefühls, die um so mehr hervortrat, je näher man sie kannte, und trotz ihres außerordentlich praktischen Sinnes war ihr Streben doch stets auf das Ideale gerichtet. Dieses Streben nach dem Höchsten und Edelsten, nach Wahrheit und Schönheit suchte sie auch in ihren Erziehungsanstalten zu wecken und zu fördern.«

Die Jugendstilfassade entstand 1906: Damals bewohnte der spätere Bürgermeister Paul Eyferth das Haus.

❽ Das Leibnizhaus Schloßplatz 5/6

Der heutige, von dem Architekten Friedrich Wilhelm Kraemer 1979 bis 1981 errichtete Neubau – ein Stipendiaten- und Forschungsgebäude der Bibliothek mit einem einladenden italienischen Restaurant – trägt den Namen des Philosophen Gottfried Wilhelm Leibniz (1646–1716), der

Gottfried Wilhelm Leibniz. Kupferstich von J. F. Bause, 1775

seit 1690 als Direktor der Bibliotheca Augusta und im Nebenamt als Berater von Herzog Anton Ulrich in Wolfenbüttel tätig war. Hier standen vorher zwei alte Häuser, die Anfang der siebziger Jahre abgerissen wurden, da die Deutsche Bundespost damals an dieser Stelle ein Postgebäude errichten wollte, das aber nicht zustande kam. In dem einen der beiden Häuser wohnte Leibniz viele Jahre bei den Hausleuten Balcke zur Untermiete.

Im Gegensatz zu Lessing hat Leibniz wenige sichtbare Spuren in Wolfenbüttel hinterlassen: Das Bibliotheksgebäude, in dem er wirkte – der Vorgängerbau der Rotunde –, ist ebenso abgerissen worden wie das Haus, in dem er wohnte. Doch die Bibliothek bewahrt in ihrer Geschichte die Erinnerung an diesen großen Universalgelehrten, der ihre Zukunft durch einen alphabetischen Katalog, den Bibliotheksneubau und den Kauf kostbarer Handschriften sicherte. Seine bibliothekarischen Denkschriften aus Wolfenbüttel wurden zu klassischen Texten der Wissenschaftsgeschichte, während ein Brief, den er am 2. Januar 1697 an den Herzog Rudolf August aus Wolfenbüttel schrieb, die Geburtsurkunde der modernen elektronischen Datentechnik wurde: Leibniz entwickelte hierin das Dualsystem als Grundlage seiner Rechenmaschine.

Lessing war ein Verehrer seines großen Vorgängers. Er hatte früh seine Werke, seine Anschauungen, seine Philosophie kennengelernt und war glücklich, ihm in Wolfenbüttel immer wieder bei seinen Studien zu begegnen. Er war für ihn der »große Mann ... der, wenn es nach mir ginge, nicht eine Zeile vergebens müßte geschrieben haben«.

Vor dem Hause wurde 1985 einem großen Musiker unseres Jahrhunderts, dem katalanischen Cellisten Pau Casals (1876–1973), von seinen Wolfenbütteler Verehrern ein Denkmal gesetzt: eine originelle Porträtbüste von Antonio Mirò, ein Symbol für die völkerverbindende Rolle der Musik und die Rolle Spaniens in der Kultur Europas. Als Gegengabe setzten Stadt und Bibliothek 1986 im Garten der alten Universität Barcelona Lessing, dem Übersetzer spanischer Bücher, ein Denkmal.

Wir gehen nun über den Parkplatz zwischen dem Zeughaus und dem Kornspeicher. Dieses größte Fachwerkhaus der Stadt wurde nach langen Verhandlungen 1994 der Bibliothek zur Nutzung überlassen. Wir überqueren am Zebrastreifen die Straße, halten uns nach rechts und kommen zur Bibliothekswiese.

❾ Der Gedenkstein für die verbrannte Synagoge

In der nach Lessing benannten Straße, die hier beginnt, befand sich die 1893 erbaute Synagoge, das Gotteshaus der alten jüdischen Gemeinde Wolfenbüttels, die es schon zu Lessings Zeiten gab. Das mächtige Gebäude fiel in der Reichskristallnacht am 9. November 1938 dem Rassenwahn des Dritten Reiches zum Opfer. Zum Gedenken an die jüdischen Bürger in Wolfenbüttel wurde fünfzig Jahre später – 1988 – ein Gedenkstein gesetzt, auf dem die

Die zerstörte Synagoge

Worte des früheren Bundespräsidenten Richard von Weizsäcker zu lesen sind: »Wer aber vor der Vergangenheit die Augen verschließt, wird blind für die Gegenwart.«

⑩ Die Sonnenuhr auf der Bibliothekswiese

Den gnomonischen Aufsatz mit zwölf Sonnenuhren fertigte der Mechanikus und Professor Johann Friedrich Penther (1693–1749) 1738 für die Fürsten Stolberg-Wernigerode an. Wie die Überreste nach dem Zweiten Weltkrieg über Hedwigsburg in den Bibliotheksgarten gelangten, läßt sich nicht mehr feststellen. Dem sachkundigen Fachmann Martin Neumann aus Bad Pyrmont ist 1987 die Wiederherstellung der Sonnenuhr mit ihren zwölf Zeigern zu verdanken, die mit der Blumenbekrönung wie eine Steinplastik wirkt. Sie ist dem italienischen Philosophen Giordano Bruno (1548–1600) gewidmet, der einige Zeit in Helmstedt unterrichtete und dort am 1. Juli 1589 eine Rede auf seinen verstorbenen Gönner Herzog Julius hielt. Der später als Ketzer in Rom verbrannte Gelehrte lobte den Wolfenbütteler Fürsten, den ersten Gründer der Wolfenbütteler Bibliothek, mit überschwenglichen Worten, wie es sich für einen rhetorisch geschulten Scholaren gehörte: »Ruf Dir's ins Gedächtnis, o Italiener, daß Du aus ehrenvollen Gründen und wegen Deiner Liebe zur Wahrheit aus Deinem Vaterlande verbannt, hier ein Bürgerrecht gefunden! Dort den gierigen Rachen des römischen Wolfes ausgesetzt, hier in sicherer Freiheit wohnst! Dort zu dem abergläubischen und unsinnigsten Kultus gezwungen, hier zu gereinigter Gottesverehrung ermahnt wirst! Dort durch die Grausamkeit der Tyrannen dem Tode geweiht, hier unter den besten Fürsten Huld und Gerechtigkeit leben kannst, ja sogar, soweit Du Dich dafür empfänglich erweisest, mit Ämtern und Ehren, nach seinen persönlichen Wünschen und Absichten überhäuft wirst.«

⓫ Die Bibliotheca Augusta

Das wilhelminische Gebäude mit dem Mittelrisalit, der dreiläufigen Treppe und den beiden Braunschweiger Löwen rechts und links wurde 1884–1887 auf Veranlassung des Bibliothekars Otto von Heinemann (1824–1904) errichtet. Sein Einfluß auf die beiden Braunschweiger Baumeister Carl Müller und Gustav Bohnsack war nicht sehr groß, denn die hohe zentrale Halle, die von imitierten Marmorsäulen auf wuchtigen Podesten getragen wurde, mißfiel ihm von Anfang an. Sie nahm Raum weg und hatte – ohne Bücher – keine eigentliche Funktion. Nur von fern erinnerte sie an die ehemalige Rotunde. Im übrigen war der Bau mit seinen Holzregalen und den gußeisernen Zwischenböden über vier Geschosse durchaus praktisch, wenngleich für die Bibliotheksverwaltung und -benutzung wenig Platz blieb.

Wer gehofft hatte, daß mit dem Neubau der Bibliothek auch deren Benutzung erleichtert würde, sah sich getäuscht. Heinemann hielt die große Eingangstür am liebsten verschlossen. Die Bibliothek sollte nur Wissenschaftlern zugänglich sein, die vor seinem strengen Auge bestehen konnten. Auch unter seinen Nachfolgern änderte sich das nur vorübergehend in den Jahren 1923–1926 mit dem demokratisch gesinnten Heinrich Schneider (1889–1972). Als der junge Richard Friedenthal, später durch seine Goethe-Biographie berühmt geworden, 1920 die Bibliothek benutzen wollte, war er gut vorbereitet. Er klingelte an der schweren Eingangstür der Bibliotheca Augusta; nichts rührte sich im Hause; er schellte wieder, keine Antwort; erst beim dritten Klingeln näherte sich von drinnen schlurfend der Hausmeister und öffnete die Tür, um sie, als er des jungen Mannes

Die Herzogliche Bibliothek, um 1900

Augusteerhalle der Herzog August Bibliothek

ansichtig wurde, gleich wieder zuzuschlagen. Doch das gelang nicht, denn der Gast stellte beherzt seinen Fuß, d.h. seinen für diesen Zweck vorgesehenen schweren Bergstiefel, in den Türspalt. So konnte er sein Anliegen vortragen, wurde auf den nächsten Sonntagvormittag zum Direktor befohlen, der den Zutritt zur Bibliothek gnädig gewährte, nachdem Friedenthal dargelegt hatte, daß er die Handschriften des Herzogs Heinrich Julius für seine Doktorarbeit benötige.

Erst unter Erhart Kästner (1904 bis 1974), der die Bibliothek von 1950 bis 1968 leitete, änderten sich allmählich die Verhältnisse. Er begann in den sechziger Jahren mit der baulichen Umgestaltung des Hauses. Die zentrale Halle wurde durch das Einziehen einer Decke in der Höhe der so verschwundenen Podeste der Säulen und den Einbau von zwei Galerien in eine eindrucksvolle Halle, die »Augusteerhalle«, mit 60 000 Schriften auf den Regalen verwandelt. Damit erhielt das Haus eine einladende Mitte. Es ist das Werk des Braunschweiger Architekten Friedrich Wilhelm Kraemer (1907 bis 1990), der sich um die Wolfenbütteler Bibliotheksbauten große Verdienste erworben hat. Sie alle tragen in dem ästhetischen Anspruch seine Handschrift.

Unter Kästners Nachfolger wurde der Umbau der Bibliotheca Augusta fortgeführt und 1972 abgeschlossen. Entstanden sind im Herzen der Bibliothek vier museale Räume, an deren Wänden man die Bibliothek Herzog Augusts in fast allen ihren Abteilungen betrachten kann. Die Pergament- und Schweinslederbände, nach Größe aufgestellt, geben einen Eindruck von der Bücherleidenschaft dieses Fürsten. In den Vitrinen der Augusteerhalle sind kostbare Handschriften und Bücher ausgestellt. Auf dem Bücherrad aus dem Jahre 1626 liegen die Kataloge Herzog Augusts auf: Von den 7000 Seiten sind 3600 von seiner Hand geschrieben.

In der unteren Schatzkammer werden in wechselnden Kabinettausstellungen interessante alte Drucke gezeigt. Rechts und links schließen sich das Globenkabinett mit seinen alten Landkarten und Globen und das Malerbuchkabinett mit den kostbaren Künstlerbüchern des 20. Jahrhunderts an.

Eine vollklimatisierte zweite Schatzkammer wurde 1989 für die Aufbewahrung und Ausstellung der schönsten mittelalterlichen Handschriften der Bibliothek geschaffen. Alljährlich ist hier für einige Zeit das Evangeliar Heinrichs des Löwen aus dem Jahre 1188 zu besichtigen. Für die Erwerbung dieser mit prachtvollen Miniaturen und Initialen reich ausgestatteten mittelalterlichen Handschrift wurden 1983 mehr als 32 Millionen DM aufgebracht. Seither gilt das Evangeliar als »teuerstes Buch der Welt«.

Die Präsentation der Bibliotheca Augusta in den musealen Räumen ist der Schlüssel für die Renaissance einer lange verschlossenen Bibliothek. Die Augusteerhalle wurde zum Ort anspruchsvoller kultureller Veranstaltungen, die großen Beifall in der Öffentlichkeit fanden. Die Schätze der Bibliothek mit ihren über 360 000

alten Drucken aus der Zeit vor 1800 weckten bald die Neugier der Wissenschaft, und dank der Förderung durch die Volkswagen-Stiftung konnte die Herzog August Bibliothek in den siebziger und achtziger Jahren zu einer internationalen kulturgeschichtlichen Forschungsstätte ausgebaut werden. Die Bibliotheca Augusta blieb das repräsentative Zentrum der Herzog August Bibliothek, die sich heute räumlich als »Bibliotheksquartier« mit einer Vielzahl von Gebäuden darstellt.
Nach der Besichtigung der Bibliotheca Augusta gehen wir die Lessingstraße entlang, deren Häuser um die Jahrhundertwende gebaut wurden.

Erhart Kästner, 1956

⑫ Die Wohnung von Erhart Kästner Lessingstraße 11

Gleichzeitig mit der Bibliotheca Augusta wurde, dem Gebäude unmittelbar benachbart, das Direktorhaus als Dienstwohnung für den Leiter der Herzog August Bibliothek gebaut.
Der schon erwähnte Otto von Heinemann bewohnte das damals herrschaftliche Haus bis zu seinem Tode 1904: ein fleißiger Gelehrter, ein autoritärer Bibliothekar, einer der welfentreuen Honoratioren im Wolfenbüttel der Jahrhundertwende. Sein Nachfolger Gustav Milchsack (1850–1919) bezog das Haus noch im selben Jahr. Er machte die buchgeschichtliche Entdeckung, daß kein altes Buch einem anderen vollständig in seinem Druck gleicht, auch wenn Titelblatt und Inhalt scheinbar identisch sind. Während des Druckens einer Auflage konnten korrigierte Bogen ausgetauscht werden, so daß verschiedene Drucke – Doppeldrucke genannt – das Ergebnis waren. Seither weiß man nicht mehr sicher, welches alte Buch eine Erstausgabe ist.
Von 1950 bis 1968 wohnte Erhart Kästner während seiner Amtszeit in diesem Hause. Er war als Schriftsteller und Bibliothekar berufen worden und hatte zuvor an der Sächsischen Landesbibliothek Dresden gearbeitet: Das im Zweiten Weltkrieg zerstörte Japanische Palais, das Domizil der Bibliothek, war für ihn in Wolfenbüttel Vorbild geblieben. Durch die Erwerbung der kostbaren Malerbücher hat er sich in Wolfenbüttel ein Denkmal gesetzt. Tragisch für ihn war, daß er die erst in den sechziger Jahren möglich gewordene Umgestaltung des Bibliotheksgebäudes nicht mehr mit erleben konnte. Als Schriftsteller war er in den fünfzi-

ger und sechziger Jahren in Wolfenbüttel der einzige, dessen Werke die Aufmerksamkeit der literarischen Welt erregten. Seine Bücher über Griechenland werden noch heute gelesen, seine späten Werke *Die Lerchenschule*, *Der Aufstand der Dinge* setzen sich mit der antiken Welt, der christlichen Tradition, der modernen Kunst und den veränderten Lebensverhältnissen der Gegenwart auseinander. Sein literarischer Nachlaß, aufschlußreich für die Schaffensweise des Autors, ist der einzige moderne Nachlaß in der Bibliothek. In Wolfenbüttel selbst blieb Kästner jedoch weitgehend ein Fremder.

⓭ Die Wohnung von Julius Elster und Hans Geitel Lessingstraße 6

Dem Direktorhaus gegenüber wohnte zu Otto von Heinemanns Zeit ein berühmtes Freundespaar, zwei Physiker, die zeitlebens gemeinsam forschten und bedeutende naturwissenschaftliche Entdeckungen machten: Julius Elster (1854–1920) und Hans Geitel (1855–1923). Sie hatten in Blankenburg gleichzeitig die Schule besucht, zusammen in Heidelberg und Berlin Mathematik und Physik studiert und wurden beide Lehrer an der Großen Schule in Wolfenbüttel. Als Julius Elster 1884 die Tochter des Bankiers August Fink heiratete und das große Haus an der Lessingstraße bezog, fand auch Hans Geitel, der Junggeselle blieb, im gleichen Haus eine Bleibe. Die Freunde richteten sich im Keller ein Labor ein, führten alle Experimente gemeinsam durch und veröffentlichten die Aufsehen erregenden Resultate unter ihrer beider Namen. Die Reihe ihrer Publikationen, meist in Fachzeitschriften, ist lang. Sie entdeckten die Photozelle, erforschten die atmosphärische Elektrizität und schufen mit ihren sensationellen Entdeckungen zur Radioaktivität die Grundlage für die Erforschung der Atomenergie. Berühmte englische Naturforscher wie Lord Kelvin, Sir J.J. Thomson, Ernest Rutherford und andere besuchten die Physiker in Wolfenbüttel oder korrespondierten mit ihnen. Einen gemeinsamen Ruf an die Universität lehnten sie ab. Sie blieben

Julius Elster und Hans Geitel

Georg Scholz. Bleistiftzeichnung des Künstlers, 1908

ihrer Schule als Lehrer der naturwissenschaftlichen Fächer treu. Ihr Nachlaß, Manuskripte und Briefe aus aller Welt, befindet sich in der Herzog August Bibliothek.
Im Hause von Julius Elster wuchs seit 1896 der spätere Maler Georg Scholz (1890–1945) auf, der nach dem Abitur, großzügig von der Familie Geitel unterstützt, die Kunstakademie in Karlsruhe besuchte, an der er von 1923–1933 selbst unterrichtete. Er gehörte mit George Grosz, Otto Dix und anderen zu den gesellschaftskritischen Künstlern der zwanziger Jahre und war nach 1933 verfemt.

⓮ Die Wohnung von Ferdinand Saffe Lessingstraße 16

Er war ein jüngerer Kollege von Elster und Geitel und unterrichtete 33 Jahre lang das Fach Musik an der Großen Schule: Ferdinand Saffe (1867–1957). Darüber hinaus bestimmte er für ein halbes Jahrhundert als Musikdirektor, als Leiter des Oratorienvereins und Gründer der Kammermusikvereinigung das Musikleben der Stadt und hat die reiche Musiktradition Wolfenbüttels erforscht.
Wir biegen links in die Anna-Vorwerk-Straße ein, überqueren einen Okerarm, wenden uns alsbald nach rechts und gehen die Schützenstraße entlang, überqueren die breite Umgehungsstraße und kommen über eine zweite Okerbrücke.

⓯ Das Haus des »Arztes der Auguststadt« Schützenstraße 8

Am 19. Januar 1991 starb hundertjährig im fernen New York ein Wolfenbütteler, der 1938 als Jude aus seiner Heimat vertrieben wurde und bis zu seinem Tode an dieser, seiner Heimat hing: Dr. med. Siegfried Kirchheimer. Der aus Bremerhaven Gebürtige war von 1919 bis 1938 als »Arzt der Auguststadt« ein beliebter Helfer der Armen, der unzähligen Menschen zur Seite stand. Ohne Haß blieb er in der Fremde seinem Wolfenbüttel durch die Korrespondenz verbunden. »Zeitungsberichte lassen mich an allem teilnehmen und daran erinnern, daß ich auch ein Wolfenbütteler war, und

Das Waisenhaus, 19. Jahrhundert

meine vier Kinder erinnere ich daran, daß sie mal in Wolfenbüttel geboren sind. Kürzlich las ich wieder in einem meiner vielen Wolfenbüttel-Bücher und ein Büchlein über Lessing und die oft traurigen Jahre für ihn. Er wollte ja, wie andere Menschen, auch mal glücklich sein, und es ist ihm... schlecht bekommen. Nicht allen Menschen bekommt immer alles gut, ich gehöre ja in meiner Weise auch mit zu ihnen und bin trotzdem dankbar, daß es mir nicht zu schlecht geht und ich meine vielen Erinnerungen an bessere Tage und Jahre noch habe«, schrieb der 93jährige an die Witwe seines früheren Nachbarn, des Kirchenrats und Bürgermeisters Ernst August Schütze.

Wir biegen links in die Töpferstraße ein und gehen auf die Hinterfront des Waisenhauses zu, das wir zuerst von hier aus und dann, indem wir durch eine schmale Gasse laufen und die Heinrich-Jasper-Straße überqueren, von vorn sehen können.

⓰ Das Waisenhaus Heinrich-Jasper-Straße 22

Das Waisenhaus steht an der Hauptstraße der Auguststadt, der kleinen westlichen Vorstadtsiedlung, die Herzog August der Jüngere in der Mitte des 17. Jahrhunderts außerhalb des Festungswerkes, also vor den Mauern Wolfenbüttels, anlegte. Hier wohnten Handwerker, Soldaten und die »klei-

nen Leute«. Die schmalen Fachwerkhäuser – inzwischen liebevoll restauriert – geben dem Stadtteil mit seinen wenigen Straßen einen freundlichen Charakter.
Das langgestreckte Waisenhaus mit dem Turmaufsatz und dem wuchtigen Portal in der Mitte, seiner grün überstrichenen Fassade und den Arkadengängen auf der Hofseite fällt aus der kleinteiligen Architektur der Auguststadt heraus. Es wurde 1698 von der Herzogin Elisabeth Juliane, der Gemahlin Anton Ulrichs, als Witwen- und Armenhaus gestiftet und 1704 eingeweiht. Anfangs wohnten hier zwölf bis fünfzehn Waisenkinder unter der Obhut einer Waisenmutter. Das Haus unterstand dem Konsistorium, das hier 1750 außerdem ein Lehrerseminar zur Ausbildung angehender Schulmeister für die Armen- und Bürgerschulen einrichtete. Im Laufe der Zeit wurden dort verschiedene Wohlfahrtseinrichtungen untergebracht. Das geräumige Haus wurde 1972 von der »Lebenshilfe« übernommen, die es für die Betreuung behinderter Kinder nutzt. Bei der Sanierung wurde 1990 auch das kleine, vom Abriß bedrohte, im Garten liegende Fachwerkhaus mit einer Inschrift aus dem Jahre 1659 einbezogen.
Wir gehen durch die schmale Glokkengasse und kommen nach wenigen Schritten zum Kirchplatz.

⓱ Die St. Johanniskirche

In der zwischen 1653 und 1658 entstandenen Auguststadt lebten zehn Jahre nach der Gründung 59 Bürger.

Johanniskirche, 1951

Sie wünschten sich eine eigene Kirche. Mit Unterstützung des alten Herzogs August wurde sie gebaut und schon Ende 1663 eingeweiht, ein noch heute sehenswerter Fachwerkbau. Für die hübsche Kirche mit der hölzernen Empore und der vollklingenden Orgel stiftete Herzog August das Altargemälde. Zwei Medaillons im Chorgewölbe stellen das Stifterpaar in Bildnissen dar, den Herzog und seine fromme und musische Gemahlin Sophie Elisabeth. Da der Turm die schwere Glocke nicht tragen konnte, errichtete der Baumeister Johann Balthasar Lauterbach 1693 den freistehenden Glockenturm.

Zwei Grabplatten halten die Erinnerung an zwei Wolfenbütteler Künstler wach: einmal an den Hofkapellmeister Johann Rosenmüller (1619 bis 1684), der, aus dem Vogtland stammend, als Organist an der Leipziger Nicolaikirche wirkte, lange Zeit in Venedig tätig war und von Herzog Anton Ulrich als Hofkapellmeister verpflichtet wurde, dem aber nur noch drei Lebensjahre in Wolfenbüttel vergönnt waren. Rosenmüller war ein sehr erfolgreicher Komponist. Seine geistlichen Konzerte, Sonaten, Kantaten, Ballette und Sarabanden werden noch heute gern gespielt. Zum anderen an den Landbaumeister Hermann Korb, dessen Haus wir am Schloßplatz besichtigt haben (vgl. S. 71).

Am hinteren Ausgang des kleinen Kirchplatzes gehen wir nach links durch die Hospitalstraße und kommen zur Jägerstraße, in der uns das auf der anderen Straßenseite liegende alte Gebäude interessiert.

⓲ Das ehemalige Militärhospital Jägerstraße 17

Das dreistöckige Gebäude – heute ein Jugendgästehaus – wurde von Herzog Carl I. um 1750 als Militärhospital für seine Truppen gebaut. Daran erinnert das Relief über der Eingangstür. Zu beiden Seiten der Cartouche mit einem verschlungenen »C« sind Waffen, Geschützrohre, Pulverfässer, Kugeln, Gewehre, Säbel dargestellt.

Wir gehen nun die Jägerstraße mit ihren restaurierten Fachwerkhäusern ein kleines Stück entlang, biegen nach rechts und kommen über einen weitläufigen Parkplatz »Richtung Innenstadt« in den Park Seeliger.

⓳ Villa Seeliger

Auf der ehemaligen Bastion – dem Lindenberg –, deren Reste noch erkennbar sind, steht inmitten einer Grünanlage die Villa Seeliger, die der Bankier Louis Seeliger (1855–1923), Enkel des Gründers des Bankhauses C. L. Seeliger, 1899 im englischen Stil erbaut hat. Das nicht zugängliche Privathaus hat im Festsaal ein eindrucksvolles eisernes Tonnengewölbe mit einer Loge für die Musiker, die während der Tafel bei Feiern und Banquetten spielten.

Die herrschaftliche Lebensform des Erbauers hat Rudolf Huch in seinem *Tagebuch eines Höhlenmolches* boshaft karikiert: »Die Tafel des Herrn Meyer ist weithin berühmt. Das Haus ist immer gefüllt mit Gästen, die tage- und wochenlang die liberalste Gastlichkeit genießen, und Alle sind einig darin, daß Frau Adelheid Meyer als Wirthin ein Juwel ist, und daß es in ganz Berlin kein Haus giebt, in dem man besser ißt, trinkt, raucht und unterhalten wird, als in dem Hause Meyer in Staubheim. Und es sind Kenner, die das sagen: Generale, Excellenzen vom Civil und Großgrundbesitzer ... Das Ehepaar Meyer ist kinderlos. Moritz Meyer ist fett, und sein Haupt glänzt wie eine Billardkugel. Frau Adelheid ist schön. Sie mag etwas über dreißig Jahre alt sein, und in ihrer Schönheit ist jenes stolze Bewußtsein und jene gebundene Glut,

Villa Seeliger, um 1900

die an die Sonne Italiens erinnert, wenn sie am Versinken ist…«
Rudolf Huch stellte sich in den Dienst des Dritten Reiches. Dagegen sahen sich Carl Ludwig Seeliger (1889 bis 1956) und Werner Seeliger (1891 bis 1958), die letzten, die den Namen des Firmengründers als Teilhaber trugen, nach 1933 den Verunglimpfungen der Nationalsozialisten ausgesetzt.
Wir verlassen den Park, gehen nach rechts über den Schulwall, biegen an der Kreuzung nach links und wieder nach links. Nun befinden wir uns im Großen Zimmerhof, den wir entlanggehen.

⑳ Das Haus von Michael Prätorius Großer Zimmerhof 20

Michael Prätorius (1571 oder 1572 bis 1621) steht am Anfang der Wolfenbütteler Musiktradition. Der in Creuzberg an der Werra bei Eisenach geborene und in Torgau aufgewachsene Komponist trat 1594 in die Dienste von Herzog Heinrich Julius, zunächst als Organist an der Schloßkapelle Gröningen. 1604 begann in Wolfenbüttel sein Aufstieg vom Kammerorganisten zum Hofkapellmeister. 1612 schenkte ihm der Herzog das Haus am Großen Zimmerhof, der damaligen »Freiheit«. Der »Director der Mu-

Michael Prätorius. Holzschnitt, 1606

sica« war und blieb ein beliebter Komponist wegen seiner Orgelkompositionen und Bearbeitungen liturgischer Gesänge für den lutherischen Gottesdienst. »Es ist ein Ros entsprungen« ist seine berühmteste Melodie. Für Fachleute hat sein dreibändiges theoretisches Werk des *Syntagma musicum* große historische Bedeutung.

Das Haus erwarb 1929 der Musikverleger Georg Kallmeyer (1875–1945), der 1916 den Julius Zwißler Verlag übernommen hatte und diesen 1925 unter eigenem Namen fortführte. Er machte sich als Verleger der Jugendmusikbewegung und auch der Werke von Prätorius einen Namen. Da er nach 1933 Nationalsozialist wurde, ging seine Firma 1947 an den K.H. Möseler Verlag über.

㉑ Das Mastsche Stammhaus Großer Zimmerhof 26

Unter den teilweise hervorragend restaurierten Fachwerkhäusern in dieser Straße verdient das Haus des Essigfabrikanten Mast ebenfalls hervorgehoben zu werden. Das 1896 erworbene Gebäude ist das Stammhaus der ortsansässigen, heute weltbekannten Spirituosenfabrik. Ihr Aufstieg ist dem langjährigen Firmenchef Curt Mast (1897–1970) zu verdanken, der den beliebten »Jägermeister« auf den Markt brachte.

㉒ Das Haus von Philipp Samson Großer Zimmerhof 28

Zu Lessings Zeiten wohnten in mehreren Häusern der Stadt Schutzjuden, insbesondere im Großen Zimmerhof. Hier genossen sie den Schutz des Herzogs. Philipp Samson (1743–1805)

Philipp Samson. Zeitgenössische Miniatur

war damals die herausragende Persönlichkeit der Wolfenbütteler jüdischen Gemeinde. Er kaufte dieses Haus 1769 von seinem Schwiegervater und erwarb zwei weitere Häuser an der Harzstraße (vgl. S. 116). Dort richtete er 1781 eine Synagoge ein und stiftete 1786 die später nach ihm benannte Jüdische Freischule. Er war Kaufmann und Bankier und bemühte sich als Kurator der seinem Schutz anvertrauten Juden, diesen das Leben zu erleichtern.

㉓ Das Jüdische Waisenhaus Großer Zimmerhof 7–9

Philipp Samsons Bruder Herz Samson und seinen Verwandten ist die Stiftung des Jüdischen Waisenhauses zu verdanken, das sich zwischen 1796 und 1807 in den drei gegenüberliegenden Häusern befand. Das erlebte der kleine Yom Tov Lippmann, der sich später Leopold Zunz (1794–1886) nannte, mit. Als Neunjähriger war er 1803 von Hamburg nach Wolfenbüttel geschickt worden und hatte sich in den ersten Jahren in dem kalten, ärmlichen Hause sehr unglücklich gefühlt. Leopold Zunz hat später von seinem ersten Unterricht in Wolfenbüttel erzählt:

»Mein ganzes Eigentum jener Zeit bestand in einem alten Mantelsack nebst wenigen Kleidungsstücken; ein kleines Sefirat omer (Tabelle für das Omer-Zählen) habe ich bald hernach beim Ausräumen der Taschen mit in die Oker geworfen. Im Winter wurden die Lernstuben nicht geheizt, die Schlafzimmer mit Gipsboden waren eiskalt;

Leopold Zunz. Ölbild von M. D. Oppenheim, um 1864

dann gab es für uns und Kalman nur ein einziges Zimmer, in dem gewohnt, gelernt, gegessen wurde. Daher verbrachten wir Stunden lang im Bette zu.

Nur zu Polli ging ich zuweilen am Sabbath und bekam dort Obst, auch dann und wann einmal 1 Groschen. Im Sommer 1804 hatte ich mehrere Wochen das kalte Fieber: der alte Bücking verbot mir Fleisch, Fische, Eier, Käse, frisches Brot usw. Ich hätte sie mir ohnehin nicht gekocht und gesotten. Am 1. Abend Pessach gab es immer Pastinaken, an Purim Lungenmuß; die Kugel am Sabbath war oft so verbrannt, daß ich sie in die Tasche steckte und wegwarf. Jeden Morgen bekamen wir Tee mit Milch, Freitag mittag Kaffee ...«

Nach dem Tode Philipp Samsons änderten sich die Verhältnisse. Die Schüler zogen 1807 in die Harzstraße, der Unterricht wurde reformiert, der begabte junge Zunz besuchte die Große Schule und wurde schon 1810 Hilfslehrer an der Samsonschule. Er studierte seit 1815 in Berlin, promovierte 1821 in Halle und begründete die Erforschung der Geschichte des Judentums. In seinem langen Leben hat er die Grundlage der Judaistik gelegt. Mit seinem Wolfenbütteler Lehrer Samuel Meyer Ehrenberg und dessen Familie blieb er zeitlebens befreundet. Der umfangreiche Briefwechsel, von dem Hebraisten Nahum Glatzer veröffentlicht, ist dafür das schönste Zeugnis.

㉔ Das Geburtshaus von Johann Gottfried Schwanenberger Großer Zimmerhof 7

In dem kleinen, später von der jüdischen Gemeinde miterworbenen Haus wurde der letzte Vertreter der Wolfenbütteler Hofmusiktradition, Johann Gottfried Schwanenberger (1737 bis 1804), geboren, der seinen ersten musikalischen Unterricht bei seinem Vater, der Kammermusiker war, und bei Ignazio Fiorello erhielt. Er studierte auf Kosten des Herzogs in Venedig und wurde 1762 als Hofkapellmeister in Braunschweig angestellt. Er war ein vorzüglicher Klavierspieler und schrieb zahlreiche Opern im italienischen Stil, die zu seiner Zeit viel Beifall ernteten.

Der Große Zimmerhof mündet in den Platz der Krambuden. Vorn rechts steht noch ein Haus, das uns interessiert.

㉕ Das Geburtshaus von Ludwig Staackmann Krambuden 12

Der Verleger Ludwig Staackmann (1830–1896) wurde als Sohn des Bäckermeisters Christian Wilhelm Staackmann in diesem Hause geboren. Über seine frühe Kindheit heißt es 1919 in einer Firmenfestschrift: »Man ist geneigt, an die Einwirkung des Genius loci dieser alten Bücherheimstätte zu glauben, wenn man vernimmt, daß das vierjährige Söhnlein des ehrsamen Handwerksmeisters aus reinem Wissensdurst die Kunst des Lesens und Schreibens autodidaktisch erlernte und infolgedessen zwei Jahre früher als andere Kinder Einlaß in die Schule fand. Und wiederum wird man an die Kindheit des größten Bürgers von Wolfenbüttel erinnert, … wenn man erfährt, daß des kleinen Ludwigs Dichten und Trachten ganz ausschließlich auf Gedrucktes gerichtet war, und daß er die Pfennige und Groschen, die er von den Eltern bei festlichen Gelegenheiten und als Entgelt für Hilfeleistungen im Haushalt oder im väterlichen Geschäft erhielt, nicht wie die Geschwister und Altersgenossen vernaschte, sondern auf die Anschaffung von Büchern verwandte.«
Doch erst 1869 konnte Staackmann in Leipzig seine Lieblingsbeschäftigung zum Beruf machen. Vorher war er als Kaufmann, zuletzt seit 1857 in Leip-

zig in einem Bank- und Speditionshaus tätig gewesen. Seinen Verlag verband er mit einem Barsortiment und einem Kommissionsgeschäft. So konnte er sich erlauben, seine Lieblingsautoren zu verlegen, zu denen Friedrich Spielhagen, Peter Rosegger, Karl Schönherr, Karl Hans Strobl und viele andere gehörten. Der Verlag hatte um die Jahrhundertwende einen guten Klang, heute wird er in München fortgeführt.

Durch die Krambuden kehren wir zu unserem Ausgangspunkt, dem Stadtmarkt, zurück.

Rechts:
Hauptkirche B. M. V.

Dritter Spaziergang
Die Kirchen und der Süden der Altstadt

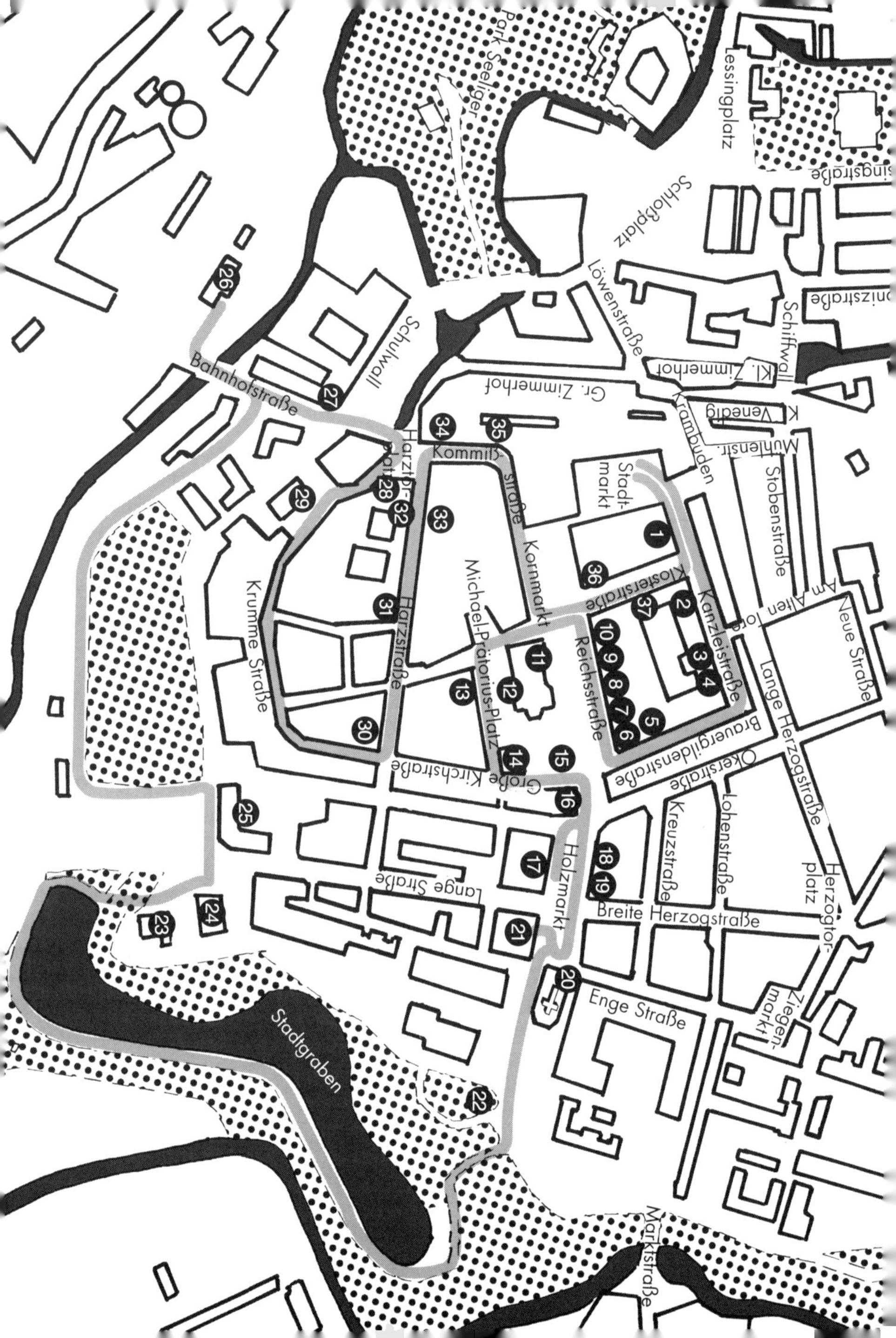

Park Seeliger
Lessingplatz
Lessingstraße
Schloßplatz
Löwenstraße
Schiffwall
Leibnizstraße
Kl. Zimmerhof
Gr. Zimmerhof
Krambuden
Venedig
Mühlenstr.
Stobenstraße
Schulwall
Bahnhofstraße
Harztorplatz
Kommißstraße
Stadtmarkt
Kornmarkt
Klosterstraße
Kanzleistraße
Am Alten Tore
Neue Straße
Lange Herzogstraße
Michael-Prätorius-Platz
Reichsstraße
Harzstraße
Krumme Straße
Brauergildenstraße
Okerstraße
Große Kirchstraße
Kreuzstraße
Lohenstraße
Herzogtorplatz
Holzmarkt
Lange Straße
Breite Herzogstraße
Enge Straße
Ziegenmarkt
Stadtgraben
Marktstraße
1
2
3
4
5
6
7
8
9
10
11
12
13
14
15
16
17
18
19
20
21
22
23
24
25
26
27
28
29
30
31
32
33
34
35
36
37

Dieser Spaziergang ist ein Rundgang durch das Zentrum und den südlichen Bereich der Heinrichstadt, der Altstadt Wolfenbüttel. Er wird keine Lessingstätten berühren, und doch wird bei der Betrachtung der Gebäude und Lokalitäten immer wieder Gelegenheit sein, an Lessing zu erinnern.
Wir gehen vom Stadtmarkt in östlicher Richtung durch die einmündende Kanzleistraße, die am Ende nach rechts in die Brauergildenstraße führt. Der Spaziergang führt vorbei an prächtigen Fachwerkhäusern, die meist in den letzten Jahrzehnten restauriert wurden, die aber nicht alle beschrieben werden können.

❶ Das Wohnhaus von Thomas Sackville
Kanzleistraße 1

Wolfenbüttel ist stolz auf seine mehr als vierhundertjährige Theatertradition, wenngleich es ein stehendes Ensemble nur wenige Jahre am Anfang, dann 1688–1690 und schließlich nach 1946 gegeben hat. Dennoch gilt der Wolfenbütteler Hof als »Wiege des deutschen Theaters«. Der theaterbegeisterte, musische Herzog Heinrich Julius (1564–1613) hatte 1590 während seines Aufenthalts in Kopenhagen englische Komödianten kennengelernt, die auf diesem Fest auftraten. Er war von der Art des Theaterspiels so begeistert, daß 1592 eine Truppe englischer Schauspieler unter Leitung von Robert Browne engagiert wurde und zunächst englische Stücke aufführte. Der Herzog selbst verfaßte zwölf Theaterstücke in deutscher Sprache, die bis 1594 gespielt worden sein dürften. Danach trennte sich die Gruppe. Zwei der Schauspieler traten in herzogliche Dienste, und unter der Leitung von Thomas Sackville reiste die Wolfenbütteler Truppe, die 18 Personen umfaßte, bis zum Ende des Jahrhunderts von Stadt zu Stadt und von Hof zu Hof.
Thomas Sackville ließ sich dann 1601 in Wolfenbüttel als Seiden- und Tuchhändler nieder und baute sich das dreigeschossige Haus, das sich in seiner Einfachheit von den etwas später errichteten Hofbeamtenhäusern unterscheidet. Hier lebte er bis zu seinem Tode 1626.

❷ Die neue Kanzlei
Kanzleistraße 3

Das große rote Gebäude mit den weiß eingefaßten Fenstern und Türen, mit dem hohen Treppenaufgang und dem Renaissanceportal im linken Teil ist zwar eines der ältesten Häuser Wolfenbüttels, doch seine äußere Gestalt, die an einen italienischen Palazzo erinnert, erhielt es erst im 19. Jahrhundert. Ursprünglich waren es zwei Häuser, die durch die Modernisierung zu einem Ganzen zusammengefaßt wurden: die Fürstliche Kanzlei mit dem Treppenaufgang und das Kanzlerhaus mit dem Renaissanceportal.
Die ehemalige Fürstliche Kanzlei. Das ursprüngliche Gebäude wurde 1588 vermutlich von dem holländischen Baumeister Hans Vredeman de Vries (1527 bis ca. 1606), der nur für kurze Zeit, von 1586 bis 1588, in Wolfenbüttel wirkte, für die Fürstliche Kanz-

Die neue Kanzlei vor dem Umbau im 19. Jahrhundert. Gemälde von J. Th. F. Helmcke, 19. Jahrhundert

lei errichtet. Hier befanden sich auch die Justizkanzlei, das Hofgericht und das Konsistorium. Als der Hof 1753 nach Braunschweig zog, wurde auch die Verwaltung des Herzogtums dorthin verlegt. Nur die Justizkanzlei, das Konsistorium und das im unteren Geschoß eingerichtete Fürstliche Archiv verblieben im Hause. Die Namen der unzähligen Hofbeamten, Präsidenten, Hofräte, Kanzleiräte, Konsistorialräte, Direktoren und Sekretäre, die hier tätig waren, sind oft nicht einmal mehr dem Historiker bekannt.

Dagegen sind zwei junge Wolfenbütteler Hofgerichtsassessoren in die Literaturgeschichte eingegangen. Der eine war August Siegfried von Goue (vgl. S. 24), der andere sein Nachfolger am Reichskammergericht in Wetzlar: Karl Wilhelm Jerusalem (1747–1772), der Sohn des Abts Jerusalem in Braunschweig. Er wurde am 15. Juni 1770 als Hofgerichtsassessor an der Justizkanzlei Wolfenbüttel in sein Amt eingeführt, fünf Wochen nach der Vereidigung Lessings. Dieser lernte den intelligenten jungen Mann kennen und schätzte ihn wegen seines philosophischen Verstandes außerordentlich. Lessing wird bedauert haben, daß er schon ein Jahr später nach Wetzlar versetzt wurde. Daß sich Jerusalem aus Verzweiflung über seine Amtsgeschäfte oder aus Liebeskummer 1772 erschoß, wurde zu einer Sensation durch *Die Leiden des jungen Werther*, den Briefroman des jungen Goethe, in dem dieser seine Liebe zu Charlotte Buff mit der unglücklichen Gestalt Karl Wilhelm Jerusalems in dichterischer Freiheit verknüpfte. Das Buch erregte größtes Aufsehen, und das »Wertherfieber« ergriff eine empfindsam fühlende Jugend. In Braunschweig dagegen wurde das geniale Werk mit Befremden aufgenommen. Lessing gab zur Ehrenrettung seines jungen Freundes 1776 dessen *Philosophische Aufsätze* aus dem Nachlaß heraus und setzte ihm so ein Denkmal: »Der junge Mann, als er hier in Wolfenbüttel sein bürgerliches Leben antrat, schenkte mir seine Freundschaft. Ich genoß sie nicht viel über Jahr und Tag; aber gleichwohl wüßte ich nicht, daß ich einen Menschen in Jahr und Tag lieber gewonnen hätte, als ihn.«

Im 19. Jahrhundert war das Kanzleigebäude Sitz des Oberappellationsgerichts. Dadurch spielten die Juristen weiterhin in der kleinen Stadt eine prominente Rolle. Als dieses höchste Gericht nach Braunschweig verlegt wurde, verblieb das Herzogliche Archiv mit seinen noch heute sehenswerten Schränken in der Kanzlei. Da nach dem Zweiten Weltkrieg die Räumlichkeiten nicht mehr ausreichten, wurde für das Niedersächsische Staatsarchiv Wolfenbüttel ein Neubau am Stadtrand errichtet. Seither wird das Haus als Museum für Vor- und Frühgeschichte, eine Abteilung des Braunschweigischen Landesmuseums, genutzt.

Das Kanzlerhaus. Es wurde 1597 als Wohnsitz der Kanzler, also der Leiter der benachbarten Kanzlei, erbaut. Der bekannteste in der langen Reihe dieser Hofbeamten war der Geheime Rat und Vizekanzler Georg Septimus von Praun (1701–1786), der zunächst in Diensten des Herzogs Ludwig Rudolf in Blankenburg stand und dann seit 1731 in Wolfenbüttel Karriere machte. Er führte Lessing durch die Vereidigung 1770 in sein Amt ein. Da er als Büchergelehrter einige Jahre selbst die Bibliothek geleitet hatte, wird Praun die Berufung eines Theaterdichters zum Bibliothekar mit Mißfallen betrachtet haben. So kam es zwischen den beiden so verschiedenen Charakteren zu keiner näheren Beziehung. Im Gegenteil: Es muß den alten Beamten verdrossen haben, daß der Herzog im Februar 1772 Lessing die Zensurfreiheit genehmigte, ohne daß er vorher befragt worden war. Praun, der sich auch um die Neuordnung des Archivs verdient gemacht hat, sammelte Materialien zu einer Geschichte des Herzogtums. Daß sich unter seinen Aufzeichnungen Notizen zu Lessing und seinen literarischen Werken fanden, zeigt allerdings, daß Praun vielleicht doch die Bedeutung Lessings akzeptierte.

Karl Wilhelm Jerusalem. Zeitgenössisches Ölbild

Georg Septimus von Praun. Ölbild

Nach Prauns Tod bewohnte der Justizkanzleidirektor Carl Ludwig Anton von Hoym (1739–1798) das Haus. Hier besuchte ihn mehrfach sein republikanisch gesinnter Neffe, der Schriftsteller Adolph Freiherr Knigge (1752–1796), der spätere Verfasser des *Umgangs mit Menschen.* Als dessen Freund G. F. W. Großmann für die Errichtung eines Lessingdenkmals in Wolfenbüttel warb (vgl. S. 69f.), unterstützte auch Knigge ihn: »Lessings Verdienste um so manche Zweige der Literatur sind doch wahrlich nicht von der Art, daß er viel Mitwerber um eine Bildsäule haben könnte. Er hat Epoche gemacht – Soll sein Name einst mit seinen Nachahmern und Schülern auf einer Tafel stehn? Oder sollten wir nie den Vorwurf, den uns unsre Nachbarn machen, von uns abwälzen, daß wir unsere großen Männer im Leben darben lassen und nach ihrem Tode, wenn nicht gar schmähen, doch vergessen?«

❸ Das Haus Kanzleistraße 4

Das repräsentative, mehrfach restaurierte Hofbeamtenhaus mit dem stattlichen Portal wurde, wie alle Gebäude dieses Quartiers, um 1600 gebaut. Im 19. Jahrhundert war es Sitz des Oberappellationsgerichts. Als dieses 1881 nach Braunschweig verlegt wurde, übernahm die traditionsreiche Freimaurerloge »Wilhelm zu den drei Säulen« das Haus, der es auch seit 1945 wieder gehört und die es jetzt erneut sehr schön restauriert hat.
Lessings Beziehung zu dem Orden der Freimaurer ist bekannt. In Wolfenbüttel fand 1779 ein Freimaurerkongreß statt, und in diesem Zusammenhang sind seine Freimaurergespräche *Ernst und Falk* zu verstehen.

❹ Das Haus Kanzleistraße 5

In diesem Haus mit seinem alten steinernen Portal war im 17. Jahrhundert das Wirtshaus »Zum Elephanten«, später der Packhof und zu Lessings Zeiten die Akzise, die für die Stadt eine große Rolle spielte. Hier wurden die Steuern für die eingehenden, auf der Ratswaage gewogenen Waren erhoben. Das Haus beherbergt heute das Katasteramt.

❺ Das Haus Brauergildenstraße 4

In dem herrschaftlichen Hause wohnte im 18. Jahrhundert eine damals berühmte, heute vergessene Persönlichkeit, Christian Friedrich Weichmann (1698–1770). Er gab 1724 bis 1725 die wichtigste deutsche Wochenschrift, den *Patrioten*, in Hamburg heraus, erwarb in Oxford das Bakkalaureat der Rechte und wurde Mitglied der Royal Society in London. Mit Herzog Ludwig Rudolf, in dessen Diensten er seit 1728 in Blankenburg stand, kam er 1731 nach Wolfenbüttel und wurde schließlich Konsistorialrat und Geheimer Justizrat. Er war literarisch tätig, schrieb viele Gelegenheitsgedichte und gab 1721–1738 die *Poesie der Niedersachsen*, eine Anthologie norddeutscher Dichter der Frühaufklärung, mit einer langen Vorrede über die »Würde der Teutschen Sprache« heraus. Er war mit dem Hamburger Dichter Barthold Hinrich Brockes (1680–1747) befreundet, dessen Gedichtsammlung *Irdisches Vergnügen in Gott* er mit einer Vorrede versah.

Nach Weichmanns Tod wohnte hier seit 1779 der Rat Christoph Schmidt gen. Phiseldeck (1740–1801) mit seiner Frau und zehn Kindern, ein bedeutender Historiker seiner Zeit, dessen Arbeiten zur russischen Geschichte und Gegenwart auf eigenen Erfahrungen und Studien als Hauslehrer des Grafen Münnich in Rußland beruhen. Kaiser Joseph II. erhob ihn 1789 in den Adelsstand.

Am Ende der Brauergildenstraße biegen wir nach rechts in die Reichsstraße ein und betrachten die großen, typischen Hofbeamtenhäuser. Davor floß ein Okerarm, der im 19. Jahrhundert zugeschüttet und zu einer Baumallee wurde. So ist die Pracht dieser Straße, die Alfred Lichtwark bei seinem Besuch in Wolfenbüttel offensichtlich am meisten beeindruckt hat, nicht mehr ganz zu erkennen.

❻ Das Haus Reichsstraße 1

Das prächtige, heute verfallende Haus wurde – wie alle Gebäude in dieser Häuserzeile – im 17. Jahrhundert gebaut. Es wurde das »Fürstenhaus« genannt, denn zwischen 1733 und 1735 war es die Wohnung des Erbprinzen Carl, der 1733 auf einer Doppelhochzeit in Salzdahlum die preußische Prinzessin Philippine Charlotte (1716 bis 1801) geheiratet hatte. Diese, eine gebildete und literarisch interessierte Frau, verbrachte ihre Witwenjahre in dem Schlößchen Antoinettenruh, das am Lechlumer Holz zwischen Wolfenbüttel und Braunschweig lag und leider im 19. Jahrhundert abgerissen wurde.

Gleichzeitig heiratete ihr Bruder, der spätere Friedrich der Große, Carls Schwester Elisabeth Christine (1715 bis 1797). Er fand sie aber wenig anziehend und schrieb respektlos am Hochzeitstag seiner Schwester Wilhelmine: »Vor einer Minute ist die Zeremonie verrichtet und Gott sei gepriesen, daß es vorüber! … Die Person ist weder schön noch häßlich; es fehlt ihr nicht an Verstand, sie ist aber sehr schlecht erzogen, ist blöde und weiß sich nicht zu benehmen.« Als Fried-

Elisabeth Christine, Gemahlin Friedrichs des Großen. Stich von J. G. Berger, 1743

rich II. 1740 an die Regierung kam, schloß er seine Gemahlin weitgehend aus. Er wies ihr das Schloß Schönhausen bei Berlin an, wo sie als ungeliebte Königin bis zu ihrem Tode lebte. Den Preußenkönig hat sie kaum je gesehen.

Ende des 19. Jahrhunderts gehörte das Haus dem Bankier August Fink – seinen Namen liest man noch eingemeißelt auf einer Tafel neben dem Eingang –, Inhaber der zweiten Privatbank neben der von C. L. Seeliger.

Später wohnte hier Werner Schrader (1895–1944), der als Offizier dem Widerstand gegen Hitler angehörte, ein tapferer, geradliniger Mann, der sich acht Tage nach dem Attentat auf Hitler am 20. Juli 1944 das Leben nahm. Als 1975 die erste Altstadtwoche in Wolfenbüttel stattfand, stellte Frau Schünemann, die Erbin der Familie Fink, die Räume im Erdgeschoß für eine Ausstellung moderner Wolfenbütteler Künstler – Emil Cimiotti, Günter Kämpfe, Karl Schaper, Lienhard v. Monkiewicz, Peter Tuma – zur Verfügung. Die Ausstellung war der Gründungsakt des Wolfenbütteler Kunstvereins, der noch heute an diesem Ort Werke junger Künstler ausstellt.

❼ Das Haus von Friedrich Karl von Strombeck Reichsstraße 3

In diesem eindrucksvollen Haus – seit langem das Druckhaus Fischer – wohnte seit 1814 Friedrich Karl von Strombeck (1771–1848), ein aus Braunschweig stammender, mit einer Wolfenbüttelerin verheirateter Beamter, zuletzt Oberappellationsgerichtspräsident, ein bekannter juristischer Schriftsteller und Übersetzer römischer Klassiker, ein Weltmann und Goetheverehrer, der im Alter in sieben Büchern *Darstellungen aus meinem Leben und meiner Zeit* veröffentlichte, worin er seine Biographie, vor allem aber seine Reiseberichte mitteilte. Während der Franzosenzeit war er mit dem jungen Henri Beyle befreundet, der unter dem Pseudonym Stendhal einer der berühmtesten französischen Schriftsteller wurde. »Er war ein wissenschaftlich gebildeter junger

Mann von ungefähr 26 Jahren; bei ächt Französischer Lebhaftigkeit von einer Gutmüthigkeit, die nicht übertroffen werden konnte. Fast täglich besuchte er mich, begleitete mich auf meinen Spazierritten, verweilte mit mir bisweilen ein paar Tage auf meinem Landgute, und selbst auf meinen Harz- und Brocken-Excursionen, die ich auch in jener Zeit nicht einstellte, war er mein Gefährte.«
Stendhal war damals Kriegskommissair in Braunschweig und blieb den Wolfenbüttelern in wenig guter Erinnerung, denn er beschlagnahmte im Auftrage des Generals Daru die schönsten und kostbarsten Handschriften und Drucke der Bibliothek und ließ sie 1807 nach Paris abtransportieren: Die Prachthandschrift des Duc de Berry, die 36-zeilige Bibel, Ulrich Boners *Edelstein*, das älteste in deutscher Sprache geschriebene und illustrierte Buch von 1461 – ein Lieblingsbuch Lessings –, die Mazarinschen Handschriften und vieles andere. Nur dem beherzten Auftreten des Braunschweiger Rats J. F. F. Emperius in Paris war es zu verdanken, daß alle Kostbarkeiten, nun in roten Maroquineinbänden, 1819 nach Wolfenbüttel zurückkamen. Lessings Nachfolger hatte sich nicht darum gekümmert.

Friedrich Karl von Strombeck. Lithographie nach Chr. Tunica, 1831

Der alte Strombeck wurde immer wieder gedrängt, auch über Lessing zu schreiben. So stellte er 1844 in einem Aufsatz im *Braunschweigischen Magazin* »unser stilles Wolfenbüttel und seine Wirkung auf Lessing ... in flüchtig hingeworfenen Zeilen« dar. Anschaulich schildert er den Zustand der verlassenen Residenz: »Die Häuser verloren ihren Wert, standen zum Theil gänzlich leer und verfielen, an Neubauten war ferner nicht zu denken, ein paar traurige Invaliden-Kompanien bildeten die Garnison, und an die Stelle eleganter Hoffräulein traten in ihren Mitteln beschränkte Witwen, welche das verödete Wolfenbüttel, angezogen durch ihnen verheißene Accisefreiheit, zu ihrem Aufenthalt wählten, in so fern sie jede Hoffnung zu einer neuen Verheiratung aufgegeben hatten.« Nach der Schilderung von Lessings Aufenthalt kommt Strombeck zu dem Schluß: »Wolfenbüttel hat sich ... nicht zu rühmen, Lessing in seinen Mauern aufgenommen zu haben: es hat ihn, außer in literarhistorischer Hinsicht, wenig gefördert und ihm verhältnismäßig viel geschadet, wobei sich jedoch nicht leugnen läßt, daß auch er seine Lage in der traurigen Stadt für trauriger hielt, als sie es in der Tat war.«

❽ Das Haus von Pastor Reß Reichsstraße 4

Das kleinere Nachbarhaus bewohnte der spätere Superintendent Johann Heinrich Reß (1732–1803), seit 1773 Pastor an der gegenüberliegenden Hauptkirche. Er war einer von den eifernden »theologischen Verfolgern« Lessings, die ihn »gerade zu für ein Teufelskind« ausgaben (Strombeck). Die Auseinandersetzung um Lessings Herausgabe der *Fragmente eines Ungenannten* von Hermann Samuel Reimarus und seine Polemik mit dem Hauptpastor Goeze führten zu immer unberechtigteren Angriffen gegen den Dichter, dem man Gottlosigkeit vorwarf. Reß beteiligte sich an dem Streit mit seiner Schrift *Die Auferstehungsgeschichte Jesu Christi ohne Widersprüche* (1779). Es läßt sich vermuten, daß er auch von der Kanzel gegen Lessing predigte. Anders ist es nicht zu erklären, daß die Wolfenbütteler Bevölkerung so sehr gegen Lessing nach dessen Tod voreingenommen war. Er wurde verteufelt wie in den plattdeutschen Reimen, die die Kinder sangen: »De Düwel kam eenmal up Eren/Un wull he gern een Blacksmied weern,/ Doch harr he weder Tinn noch Mesing,/Drumm namm he den Profeser Lesing.«

Häuser der Reichsstraße, 1951

Buchdruckere

❾ Das Haus des Oberforstmeisters von Bülow Reichsstraße 5

Der Oberforstmeister Johann Julius Karl von Bülow (1743–1796) führte – wie viele der hohen Beamten – ein gastfreies Haus. Hier verkehrten auch die französischen Emigranten, die 1795 im Wolfenbütteler Schloß eine vorübergehende Bleibe gefunden hatten. Der junge Karl Friedrich von Strombeck, damals noch Hofgerichtsassessor, war mit dem Sohn des Hauses, Gottfried Philipp von Bülow (1770–1850), befreundet, und er gehörte bald zur Familie. So erzählt er in seiner Autobiographie »von einer bedeutenden Anzahl gebildeter französischer Emigranten, die sämmtlich in den Gesellschaften, und vorzüglich in dem Bülow'schen Hause, Zutritt hatten. Ein respectabeler Geistlicher, Hr. Truchot, war sogar unser täglicher Tischgenosse. Abgesehen von dem großen Vortheil, den es für einen jungen Mann haben mußte, solche Gelegenheit benutzen zu können, sich in der französischen Sprache zu vervollkommnen, welche, der Fremdlinge wegen, fast ausschließlich in unsern Cirkeln gesprochen wurde, so war es doch gewiß auch ein bedeutendes Bildungsmittel, mit Personen, die ganz andere Verhältnisse kennen gelernt hatten, als unsere beschränkten waren, genauen und täglichen Umgang zu pflegen. Denn es war nicht selten, besonders wenn Besuch von Braunschweig (wo es auch nicht an Emigranten fehlte) oder sogar von dem Hofe Ludwigs XVIII. von Blankenburg angekommen war, daß wir in unsern Theecirkeln zugleich einen Erzbischof (den von Reims), ein Paar Bischöfe, einen Maréchal de France, und einen Parlaments-Präsidenten erblickten, die sich dann nicht selten mit uns jungen Leuten, die wir ihrer Sprache mächtig waren, und ihren Deductionen und Prophezeiungen achtungsvoll zuhörten, unterhielten. Vorzüglich tritt mir noch jetzt die Persönlichkeit des Maréchal de Castries, dem der Herzog eine Wohnung auf dem Schlosse zu Wolfenbüttel hatte anweisen lassen, des Grafen de Caraman, Ministers am Wiener Hofe nach der Restauration, des als Minister Ludwigs XVIII. so bekannt gewordenen Marquis de Villélé, des Generals de Vassimon, eines gar wunderlichen Mannes, vor Allen aber einer höchst liebenswürdigen Familie Beauval entgegen, deren schöne Töchter ausgezeichnete Harfenspielerinnen waren.« Zwei Jahre später fand übrigens die Hochzeit Strombecks mit einer der beiden Töchter des Gastgebers, Amalie von Bülow, statt.

❿ Lektüre im v. Harlemschen Haus Reichsstraße 6

Die 16jährige Claire von Glümer (vgl. S. 45 f.) verbrachte 1841/42 einige Zeit als Gesellschafterin bei ihrem inzwischen verwitweten Großvater, dem Major von Glümer, der gerade mit seiner blinden Tochter Agnes die untere Wohnung im Haus der Frau von Harlem gemietet hatte. Die spätere Schriftstellerin war eine leidenschaftliche Leserin. Doch »der geringe

Bücherbesitz der Familie« war für sie eine »schmerzliche Enttäuschung«: »Großvater begnügte sich mit Bibel, Gesangbuch, Brockhaus' Conversations-Lexikon 1. Auflage und einigen historischen Werken über den Siebenjährigen Krieg, die Französische Revolution, Napoleons Feldzüge und die Freiheitskriege. – Großmütterchens Büchernachlaß war auf einem Hängebort in der Wohnstube untergebracht: Schiller's *sämmtliche Werke*, Zschokke's *Stunden der Andacht*, Starke's *Häusliche Gemälde*, Tiedge's *Urania*, Eberhard's *Hannchen und die Küchlein*, einige Jahrgänge hellblau oder rosa eingebundener, mit Goldschnitt prangender Taschenbücher, – das war alles! Nichts von Goethe oder Shakespeare, nichts von Lessing, Herder, Uhland, Chamisso, – an Heine nicht zu denken.«

Man beschränkte sich auf die Zeitungs- und Zeitschriftenlektüre: »War der Inhalt der Journal-Mappe erschöpft, so wurden Bücher aus der Leih-Bibliothek herbeigeschafft. Vieles, was ich gern kennen gelernt hätte, war Tante Agnes schon bekannt; und wenn sie auch mir zuliebe das eine oder andere von Schiller, Walter Scott, Bulwer, Spindler, Hauff noch einmal anhörte, – im allgemeinen hielt sie alles Wiederlesen für Zeitverschwendung. Mit Jean Paul, Tieck, E. T. A. Hoffmann, dessen *Märchen* und *Kater Murr* ich kannte und liebte, konnte sie sich nicht befreunden; noch weniger mit den Tendenz-Romanen des Jungen Deutschland. – Goethe kam gar nicht in Frage! Es sollte zwar Mütter geben, die ihren jungen Töchtern erlaubten, *Hermann und Dorothea* zu lesen; junge Frauen durften sogar gestehen, *Die Leiden des jungen Werther* zu kennen; das Sicherste, Beste für Jung und Alt war aber, überhaupt kein Goethe'sches Buch in die Hand zu nehmen.«

Nachdem wir die repräsentative Häuserzeile betrachtet haben, überqueren wir die Straße und besichtigen die den Kornmarkt beherrschende Kirche.

⓫ Die Hauptkirche B. M. V.

An dieser Stelle, wo sich früher eine Marienkapelle für die kleine Siedlung »Zu unserer lieben Frau« befand, entstand unter Herzog Heinrich Julius der erste protestantische Kirchenneubau. Der Hofbaumeister Paul Francke (1537/38–1615), aus Weimar gebürtig, begann nach Abschluß der Planungen 1608 mit dem Bau, der zu Beginn des Dreißigjährigen Krieges weitgehend fertiggestellt war. Erst 1751 wurde die Helmspitze des Turmes aufgesetzt.

Der gewaltige, mit einem überreichen Bildprogramm an Steinplastiken und Steinreliefs geschmückte Bau wirkt schon von außen wie ein großes Lob Gottes. Daß die Kirche der »Beatae Mariae Virginis« gewidmet wurde, mag mit der Vorgängerin, der Marienkapelle, zusammenhängen. Dennoch steht sie ganz in der Tradition spätgotischer Kirchenbaukunst. Die Zwerchgiebel und das Hauptportal aber sind Ausdruck barocker Lebensfülle.

Das Innere wird bestimmt durch die hohen, achteckigen Pfeiler mit den farbig abgesetzten Kapitellen und Ge-

Innenraum der Hauptkirche B. M. V., 1951

wölbejochen. Die strahlende Kraft des Raumes leitet sich auch von dem prächtigen goldglänzenden Hochaltar her, der den ganzen Chorraum ausfüllt. Ebenso trägt die schöne Kanzel, von einer Mosesfigur gestützt und von den zwölf aus Holz geschnitzten Apostelfiguren umgeben, zur harmonischen Schönheit des Raumes bei. Vielleicht war die Kirche nie so leuchtend wie seit der vor einigen Jahren abgeschlossenen Restaurierung.

Hier wirkte Michael Prätorius als Organist und leitete seinen vielstimmigen

Chor, wie auf dem Titelblatt seiner *Syntagma musicum* abgebildet. Als Herzog August endlich 1643 – er regierte seit 1634 im benachbarten, nicht besetzten Braunschweig – mit seinem Gefolge in Wolfenbüttel einziehen konnte, fand in der Hauptkirche der Dankgottesdienst statt. 1705 hat möglicherweise der Pietist August Hermann Francke von der Kanzel gepredigt, als der Stifter des Waisenhauses in Halle auf der Reise nach Holland war.
Zu Lessings Zeiten waren seit 1773 der erwähnte Johann Heinrich Reß und neben ihm Johann Christoph Tutenberg (1731–1785) als Pfarrer tätig. Letzterer stand Lessing in seinen schwersten Stunden bei: Er nahm am dritten Weihnachtstag 1777 die Nottaufe an Lessings sterbendem Kind vor, und er beerdigte zwei Wochen später auch Lessings Frau.
In der Fürstengruft wurden bereits 1613 Herzog Heinrich Julius beigesetzt, später seine beiden Söhne, der glücklose Friedrich Ulrich (1591 bis 1634), der die Besetzung Wolfenbüttels durch die Kaiserlichen Truppen nicht verhindern konnte, und sein waghalsiger Bruder, der »tolle« Christian (1599–1626), der den Krieg ins Land holte und dennoch als Held verehrt wird. Auch Herzog August und seine dritte Gemahlin Sophie Elisabeth fanden hier ihre letzte Ruhestätte, ebenso Herzog Anton Ulrich und seine Gemahlin Elisabeth Juliane (1634–1704). Zuletzt wurde die Witwe von Herzog August Wilhelm (1662–1731), Elisabeth Sophie Marie (1683–1767), an der Seite ihres Gatten beigesetzt. Sie war eine berühmte Bibelsammlerin.

Herzogin Sophie, um 1556

Im Seitenschiff befindet sich das Epitaph zur Erinnerung an Herzogin Sophie (1522–1575). Sie war eine polnische Prinzessin aus dem Hause der Jagiellonen und die letzte Frau von Herzog Heinrich d. J., eine gebildete, belesene und reiche Fürstin, die als Witwe auf dem Schloß Schöningen gestorben ist. Drei weitere Grabplatten stellen mächtige geharnischte Krieger dar: Herzog Heinrich d. J. und seine beiden in der Schlacht bei Sievershausen 1553 gefallenen Söhne Carl Victor und Philipp Magnus.

⓬ Grabmal für Charlotte Regina Topp

Der Kirchhof hinter der Hauptkirche ist nicht erhalten. In dem *Begräbnisbuch*, das Christoph Woltereck 1732 veröffentlichte, sind die Familien und Personen genannt, die hier ihre letzte Ruhe fanden.

Nur ein einsames klassizistisches Grabmal steht hier verlassen auf dem freien Platz hinter der Kirche. Wann es dort aufgestellt wurde, läßt sich nicht feststellen. Es erinnert an Charlotte Regina Topp geb. Vieth (gest. 1786), Mutter von Lessings Hausarzt.

Wir gehen nun an der Häuserzeile des Michael-Prätorius-Platzes entlang.

⓭ Das Haus der Familie Leiste Michael-Prätorius-Platz 1

Das große Eckhaus, ein dreigeschossiges Fachwerkhaus aus dem Jahre 1686, gehörte im 19. Jahrhundert dem Prokurator Christoph Ludwig Leiste (1786–1858) mit seiner Familie. Hier heiratete am 24. Juli 1862 der 31jährige Wilhelm Raabe, inzwischen ein freier Schriftsteller, der sich einen Namen gemacht hatte, Bertha Leiste (1835–1914), die Tochter des Prokurators. Zum Kummer der Mutter, Auguste Raabe, zog das junge Paar nach Stuttgart, damals ein aufblühender Verlagsort. »Für mich als Schriftsteller wie als Mensch könnte ich jetzt in ganz Deutschland keinen besseren Aufenthaltsort finden« (2. 9. 1863). Wilhelm Raabe kehrte 1870 mit seiner Frau und den beiden Kindern in die Heimat zurück.

Bertha Raabe geb. Leiste war übrigens eine Enkelin des Magisters Christian Leiste (1738–1815), der ein begabter Pädagoge war. Er hatte in den Franckeschen Stiftungen in Halle unterrichtet. Zu seinen Schülern gehörte auch der Dichter Gottfried August Bürger. 1766 kam er als Konrektor an die Große Schule in Wolfenbüttel, wurde 1778 Rektor, acht Jahre später Professor. Er gab den Schülern naturwissenschaftlichen Unterricht, führte physikalische Experimente durch und befaßte sich in der Zeit, in der die Braunschweigischen Truppen im Sold der englischen Krone nach Amerika geschickt wurden, mit dem fernen Erdteil. Aus einer Handschrift der Bibliothek gab er eine unbekannte Schrift über Südamerika heraus und publizierte eine Beschreibung von Nordamerika. Er wurde mit dem Bibliothekar Lessing bekannt, an dessen Bibliothekszeitschrift *Zur Geschichte und Litteratur* er 1780/81 mitarbeitete.

Christian Leiste. Ölbild

Wilhelm Raabe mit seiner Braut, 1861

Christian Leiste war nach Wilhelm Raabes Meinung Lessings »einziger vernünftiger Umgang in Wolfenbüttel«. Als das Bildnis des Ahnen aus dem Nachlaß Karl Leiste in den Besitz der Familie Raabe kam, schrieb der Dichter allerdings in einem Brief vom 4. Dezember 1892 über ihn: »Ein frommer Mann, der zwar viel mit Lessing in Wolfenbüttel zusammen arbeitete, aber den Herrn Hofrath und Bibliothekar doch für einen Verlorenen, was sein Seelenheil anbetraf, hielt und seine Herrn Primaner nicht dringend genug vor ihm, seinem Leben, Wesen, Dencken und Treiben warnen konnte.«

⓮ Das abgebrochene Haus des Kantors Michael-Prätorius-Platz/Ecke Große Kirchstraße

Dort, wo 1914/15 das Gemeindehaus der Hauptkirche gebaut wurde, standen zur Zeit Lessings drei Häuser, die der Kirche gehörten: das Haus des Opfermanns, die Wohnung des Kantors und die sog. alte Schule. Der Kantor Justinus Magnus Stegmann (1734–1825) – er war zugleich Lehrer an der Großen Schule – nahm sich der Stiefkinder Lessings nach dem Tode seiner Frau an, wofür ihm der Witwer dankbar war.

Wir gehen nach links die Große Kirchstraße zu Ende. Links und rechts stehen zwei Häuser, die uns interessieren.

⓯ Das abgebrochene Wohnhaus von Franz Anton Knittel An der Hauptkirche

Neben der Hauptkirche gegenüber der Häuserzeile an der Reichsstraße standen bis 1846 zwei Pfarrhäuser, von denen eines zur Zeit Lessings der Generalsuperintendent Franz Anton Knittel (1721–1793) bewohnte, das andere der schon erwähnte Pastor Tutenberg. Auch Knittel, der Sohn eines Hofgärtners in Salzdahlum, der in Helmstedt und Halle studiert hatte, bekleidete von 1755–1766 das Pfarramt an der Hauptkirche, ehe er zum höchsten kirchlichen Amt des Herzogtums aufrückte.

Knittel war ein Gelehrter und daher ein fleißiger Bibliotheksbenutzer. Er hatte 1758 eine Aufsehen erregende

Franz Anton Knittel. Ölbild auf Zink

Entdeckung gemacht: Er fand in einer Isidor-Handschrift aus dem 6. Jahrhundert eine Lage Palimpseste, das sind radierte, wieder beschriebene Blätter. Knittel entzifferte den ursprünglichen Text und fand Fragmente der gotischen Bibelübersetzung des Ulfilas. Dieser Fund ermöglichte die Erforschung der nicht überlieferten gotischen Sprache.

Knittel lernte Lessing aber nicht als Bibliotheksbenutzer, sondern als Zensor kennen, zu dessen Amtspflichten die Prüfung von Manuskripten gehörte, ehe sie in Druck gingen. Der Bibliothekar hatte bald nach seinem Dienstantritt auch eine berühmte Entdeckung unter seinen Schätzen gemacht: Er fand die seit Jahrhunderten verschollene Handschrift des *Berengarius*, die eine verketzerte Abendmahlslehre enthielt. Wie Zensor und Autor zusammenfanden, hat Knittel später dem dänischen Theologen Friedrich Münter, nach Lessings Tod, im August 1781 in Wolfenbüttel erzählt, der in seinem Tagebuch notierte: Ich »ging zu Consistorialrat Knittel, ein ältlicher aber freundlicher Mann. Erzählte mir von Lessing den Anfang ihrer Bekanntschaft; er hätte ihm einen Bogen von Berengar kassiert, darüber hätten sie sich erst gezankt, nachher aber wären sie ohngeachtet ihrer verschiednen Meinungen Freunde geworden, u. Lessing wäre immer sehr dienstfertig gewesen.« Trotz dieses Einvernehmens bemühte sich Lessing um die Befreiung von der Zensur, die er vom Herzog erhielt und die dieser ihm später, 1778, wieder entzog.

Im Streit mit Goeze stand Knittel, der dem Hauptpastor in Hamburg die erbetenen Auskünfte über einige Bibelausgaben der Bibliothek gab – Lessing hatte versäumt, diese mitzuteilen –, wohl mehr auf seiten seines geistlichen Kollegen, ohne daß er dies jedoch den Bibliothekar hat spüren lassen.

⑯ Das abgebrochene Posthaus Holzmarkt 20

Dort, wo heute der massive Neubau eines Bankgebäudes aus den sechziger Jahren steht, befand sich im 18. und 19. Jahrhundert das Posthaus. Hier trafen die Besucher ein, die nach Wolfenbüttel kamen, und von hier reiste Lessing ab, wenn er nach Halberstadt oder Hamburg, Berlin oder Mannheim fuhr.

Später übernahm die Kreis- und Leihhauskasse das Gebäude, in dem der Kassenkontrolleur Wilhelm Jahns tätig war. Hier verbrachte der Sohn Rudolf Jahns (1896–1983) seine Kindheit. Er wurde später Maler und gehörte zu Kurt Schwitters' Gruppe *die abstrakten hannover*. Damals – in den zwanziger Jahren – war Jahns als Zollbeamter in Holzminden tätig. An seine Kindheit in Wolfenbüttel, wo er im Hause des Großvaters, des Schlossermeisters Wilhelm Robert Meyer (Brauergildenstraße 16), die ersten Anregungen für Form und Farbe erhalten hatte, dachte er oft zurück.

Als Jahns im Alter noch einmal in seine Vaterstadt kam, suchte er das Haus seiner Kindheit vergeblich: »Anstelle meines schönen Geburtshauses ein gräßlicher Betonbau, der ein Scheusal ist gegenüber der wunderbaren Beatae Mariae Virginis. Die guten Proportionen von Haus, Vorplatz mit

Das abgebrochene ehemalige Posthaus,
Geburtshaus von Rudolf Jahns.
Links vom Eingang als Kind mit Mutter und Schwester.
Vor dem Eingang der Vater mit Jahns' Bruder

Rudolf Jahns

Bäumen und Kirche total zerstört«, notierte er.

Wir gehen nun von der Kreuzung nach rechts, überqueren an dem Bankgebäude die Straße beim Zebrastreifen und kommen zum Holzmarkt, dessen Fachwerkhäuser die Trinitatiskirche einfassen. Einige wollen wir der früheren Bewohner wegen näher betrachten.

⓱ Die Wohnung von Konrad Heusinger Holzmarkt 2

In dem zweiten Haus von der Ecke Fischerstraße aus, das wir von der anderen Straßenseite erkennen können, wohnte Konrad Heusinger (1752–1820), als er nach dem Tod seines Vaters Jakob Friedrich Heusinger von 1778 bis 1780 als Konrektor an der Großen Schule unterrichtete. Das Ende Lessings erschütterte ihn zutiefst, sein Gedicht *Lessings Tod* führte zu einer heftigen, öffentlich ausgetragenen Fehde mit dem Pastor Spohr in Woltershausen, dem Großvater des Komponisten Louis Spohr.

Heusinger wurde 1790 Direktor des Katharineums in Braunschweig, aus dem berühmte Schüler hervorgingen: der Mathematiker Carl Friedrich Gauß, der Philologe Karl Lachmann, der Schriftsteller Heinrich Hoffmann von Fallersleben. Letzterer charakterisierte seinen Lehrer: »Der alte Heusinger war ein Schulmann von altem Schrot und Korn, gewissenhaft in seinem Amte, Kraft mit Milde paarend,

Konrad Heusinger. Kupferstich nach einem Bild von J. Heusinger, 1816

für das Wohl seiner Anstalt unablässig thätig, im Unterricht gründlich und streng. Er machte einen ehrwürdigen Eindruck, wenn er an seinem Tische das Buch in der Hand, den Oberkörper etwas nach vorn gebeugt, dasaß und dann mit seiner kräftigen Stimme sich vernehmen ließ. Mehr als diese sagten seine großen geistvollen Augen – ein Bild, das an Friedrich den Großen erinnerte.«

Das Haus ist auch das Geburtshaus von Karl Schrader (1834–1913), eines erfolgreich in Berlin wirkenden liberalen Politikers, der von 1891 bis kurz vor seinem Tode dem Deutschen Reichstag angehörte. Der Jugendfreund Wilhelm Raabes trat 1861 in die Generaldirektion der Braunschweigischen Staatsbahnen ein. Er heiratete 1872 die Pädagogin Henriette Breymann, die mit ihm nach Berlin zog. Der Gründer vieler Wohlfahrtseinrichtungen im Zeitalter der Industrialisierung beteiligte sich auch an dem sozialpädagogischen Wirken seiner Frau, an deren Seite er 1913 auf dem ehemaligen Schloßfriedhof in Wolfenbüttel begraben wurde.

⓲ Das Geburtshaus von Carl Niedmann Holzmarkt 18

Er war eine ungeliebte Figur in Wolfenbüttel, die so ganz aus dem Rahmen der wohlerzogenen Söhne wohlhabender Eltern fiel: Carl Niedmann (1805–1830), der Sohn eines Schlossermeisters aus dem bescheidenen Haus am Holzmarkt. Er machte in Braunschweig eine Buchhändlerlehre und gründete in Wolfenbüttel einen kleinen literarischen Verlag, in dem für kurze Zeit eine bedeutende literarische Zeitschrift erschien, das *Mitternachtsblatt für gebildete Stände*. Mit 25 Jahren starb Niedmann während der Buchmesse in Leipzig. Er hinterließ Erzählungen, Skizzen und dramatische Versuche. Teilweise ist das Wolfenbütteler Lokalkolorit unverkennbar. Wegen seiner satirischen Tragikomödie *Die Verschwörung in Krähwinkel* (1829) kam es zu einem Gerichtsprozeß. Heute wirken die Sottisen gegen seine Heimatstadt, auch in seinem vorangegangenen Roman *Krähwinkel wie es ist*, harmlos: »Eigentlich war er ein Krähwinkler Stadtkind, so gut wie hundert Andere, deren Thorheiten uns belustigen, aber Willibald war ein aufgeweckter Kopf, nicht ohne Geist, Phantasie, Witz und Geschmack, und eben darum isolirte er sich völlig, als er in seine Vaterstadt zurückkehrte... Man konnte weiter nichts von ihm erzählen, als daß er wöchentlich Bücherpackete erhalte. Die Leute zuckten die Achseln über den Büchernarren, wie sie ihn nannten, zerbrachen sich die Köpfe, wovon der Tuckmäuser wohl lebe? und ahneten nicht, daß ihm ein reichliches Einkommen aus der Quelle einer stillen Thätigkeit floß, die der gemeine Mann ›Herumlungern‹ und ›Nichtsthun‹ nannte, die Honoratioren aber wegwerfend durch ›Allotria treiben‹ bezeichneten.« Dennoch erbosten sich die Wolfenbütteler so sehr, daß sein Name bis heute am liebsten verschwiegen wird.

Trinitatiskirche am Holzmarkt, 19. Jahrhundert

⑲ Die Pianofabrik von Theodor Steinweg Holzmarkt 15

Viele der großen Pianisten der Welt spielen heute auf einem Steinway-Flügel. Aber wer weiß noch, daß Wolfenbüttel an dem Ruhm nicht unbeteiligt war? In dem Eckhaus Holzmarkt/Breite Herzogstraße führte der Klavierbauer Theodor Steinweg (1825 bis 1889) das von seinem Vater, Heinrich Steinweg, in Seesen gegründete Geschäft fort, während dieser mit drei Söhnen und drei Töchtern 1850 nach Amerika auswanderte und dort mit dem Bau von Konzertflügeln seine Pianofortefabrik zu der Weltfirma Steinway & Sons ausbaute. Daran war auch Theodor Steinweg beteiligt. Er folgte 1865 ebenfalls dem Ruf des Vaters und blieb 15 Jahre in der Neuen Welt, ehe er nach Braunschweig zurückkehrte, wo die Familie Grotian inzwischen das deutsche Unternehmen ausgebaut hatte.

⑳ Die St. Trinitatiskirche

Im Gegensatz zu den beiden anderen bereits erwähnten Kirchen ist diese in baulicher Hinsicht ungewöhnlich: Zwischen 1693 und 1700 wurde von Johannes Balthasar Lauterbach das ehemalige Kaisertor zur Kirche umgebaut. Die teilweise aus Holz errichtete Kirche wurde 1705 von einem Blitz getroffen und brannte aus. Der von Hermann Korb geschaffene Neubau wurde in den erhaltenen Rest der ersten Kirche eingepaßt. So erklärt sich die breite Fassade mit ihrem barocken Giebelfeld. Der achteckige Grundriß ergibt sich aus dem engen zur Verfügung stehenden Raum. Damit hängt auch die Anbringung der Kanzel über dem Altar des interessanten Innenraums zusammen. Die frühere Kirche der Gemeinde Am Gotteslager war lange Zeit die Garnisonkirche der Stadt.

㉑ Das alte Pfarrhaus der Trinitatiskirche Holzmarkt 8

Eines der prächtigsten Fachwerkhäuser am hinteren Teil des Holzmarktes ist das alte Pfarrhaus, das zur Trinitatiskirche gehörte. Unter den Pastoren ist an dieser Stelle an Georg Nitsch (1663–1729) zu erinnern. Der pietistisch gesinnte Theologe heiratete 1696 in zweiter Ehe Katharina Sacer, Tochter Gottfried Wilhelm Sacers (vgl. S. 23) und Schülerin von Nitschs Vorvorgänger Conrad Gottlieb Blankenburg, der ein glühender Verehrer von Philipp Jakob Spener war. Der Kreis dieser Pietisten hatte es in Wolfenbüttel schwer, nachdem Herzog Anton Ulrich 1692 das berüchtigte Edikt zur Unterdrückung des Pietismus von seinen hannoverschen Vettern übernommen hatte. Seit 1695 war Nitsch Pastor der Gemeinde Am Gotteslager. Er blieb – ein tätiger Theologe und Verfasser vieler theologischer Werke – 14 Jahre auf diesem Posten. Als Herzog Anton Ulrich die Konversion seiner Enkelin Elisabeth Christine betrieb, predigte er unerschrocken gegen diesen Glaubenswechsel. Die Folge war, daß der Pfarrer 1709 Wolfenbüttel verließ und die

Georg Nitsch.
Kupferstich von J. M. Bernigeroth

Stelle eines Generalsuperintendenten in Gotha annahm.

Wir verlassen nach dem Besuch der Kirche den Holzmarkt, gehen durch den Tordurchgang und finden in den Grünanlagen hinter der Kirche die Reste des Bürgerbegräbnisplatzes.

㉒ Der Gedenkstein für Eva Lessing

Im Kirchenbuch der Hauptkirche B. M. V. liest man den Eintrag: »1778 den 10. Januar des Herrn Hofraths Lessing Eheliebste im Kindbett gestorben und den 14. auf dem Bürger Kirchhofe beerdigt.«

Das Grab von Eva Lessing ist heute nicht mehr bekannt. Ihre Kinder kümmerten sich offensichtlich nicht sonderlich darum. Erst im Lessingjahr

1929 setzten Wolfenbütteler Bürger dieser großen Frauengestalt des 18. Jahrhunderts einen Gedenkstein. Er erinnert auch an die Zerstörung von Lessings kurzem Lebensglück.
»Gestern Morgen ist mir der Rest von meiner Frau vollends aus dem Gesichte gekommen. – Wenn ich noch mit der Einen Hälfte meiner übrigen Tage das Glück erkauffen könnte, die andre Hälfte in Gesellschaft dieser Frau zu verleben; wie gern wollte ich es thuen. Aber das geht nicht: und ich muß nur wieder anfangen, meinen Weg allein so fort zu duseln«, schrieb Lessing an Johannes Joachim Eschenburg.
Wir machen nun einen Gang durch die gepflegten Grünanlagen, die nach der Zerstörung der Festungsbauten entstanden sind, gehen außen um den Stadtgraben herum und kommen so zur Langen Straße, einer belebten Ausfallstraße, an der uns rechts und links am Eingang zur Innenstadt drei große Gebäude interessieren.

㉓ Das ehemalige Kaffeehaus

Das »stille Wolfenbüttel«, das sich in den vierziger Jahren des 19. Jahrhunderts ein wenig neu belebte, wurde ein beliebtes Ausflugsziel der Braunschweiger Bürger. Man reiste mit der Ende 1838 eröffneten Eisenbahn, und so wurde 1839 für diese Touristen auf dem ehemaligen Karlsberg von Karl Theodor Ottmer ein Kaffeehaus im türkischen Stil gebaut, das sich im Biedermeier großer Beliebtheit erfreute. Am gleichen Ort entstand Ende des 19. Jahrhunderts das »Neue Kaffeehaus«, das inzwischen durch einen modernen Hotelbau ersetzt wurde. Der Name und das Restaurant sind geblieben.

Das Lessingtheater, 1909

㉔ Das Lessingtheater

Wolfenbüttel hat trotz seiner langen Theatertradition (vgl. S. 91) nur für kurze Zeiten ein stehendes Theater gehabt. Wohl aber wurde ohne Unterbrechung in Wolfenbüttel Theater gespielt. Als 1904 der Schloßtheatersaal wegen Brandgefährdung geschlossen werden mußte, kam es zu einem Neubau, der 1909 mit einer Festaufführung von Lessings *Nathan* eröffnet wurde. Das Theater blieb bis heute Gastspielbühne. Im Lessingjahr 1929 gab man ihm den Namen »Lessingtheater«.

㉕ Das ehemalige Lehrerseminar

Die Lehrerausbildung in Wolfenbüttel geht auf das 18. Jahrhundert zurück. Die Seminaristen wohnten im Waisenhaus in der Auguststadt (vgl. S. 86 f.). 1879 wurde als Ausbildungsstätte für Lehrer dieses große wilhelminische Gebäude errichtet, das heute eine Schule beherbergt. Die Büsten am Gebäude bezeugen noch heute den Geist des Protestantismus zu damaliger Zeit, repräsentiert durch den Reformator Martin Luther, den Musiker Johann Sebastian Bach, den Pietisten August Hermann Francke und die beiden Pädagogen Joachim Heinrich Campe und Johann Heinrich Pestalozzi. Der Verfasser der *Erziehung des Menschengeschlechts* paßte offensichtlich nicht in diese Ahnenreihe!

Wir überqueren den Parkplatz dem Theater gegenüber, gehen dann nach rechts den Weg durch die Grünanlagen entlang und kommen, vorbei an der Post und der Kreisverwaltung, zur Bahnhofstraße. Links liegt der Bahnhof, wir biegen aber nach rechts ab.

㉖ Der Bahnhof

Der Bahnhof aus dem Jahre 1850 wäre nicht erwähnenswert, wenn es nicht mit dem Vorgängerbau eine besondere Bewandtnis hätte. Zwischen Braunschweig und Wolfenbüttel fuhr die erste deutsche Staatsbahn: Sie wurde am 1. Dezember 1838 eröffnet. Viermal täglich verkehrten zunächst die Züge mit den offenen Reisewagen zwischen den beiden Orten. Das Publikum war begeistert. Das Reisen wurde bequemer. Ferdinand Grimm (vgl. S. 142 f.) schrieb am 9. Februar 1839 aus Wolfenbüttel: »Die Eisenbahnfahrt ist eine außerordentlich schöne Erfindung, oft sehe ich Züge von acht bis zehn Wagen vorüberrauschen, es klappert wie Mühlräder, zuweilen rollt ein Donner, indeß ein feiner Rauchschleier die märchengleiche Erscheinung umgibt. Nachts und beleuchtet muß die Fahrt sich gut ausnehmen, besser noch bei einem Gewitter. Eins nur lob ich nicht: daß man auf dem Wagen vor Fenstergeräusch und Thürenknarren nicht sprechen kann …«

Die erste Eisenbahn

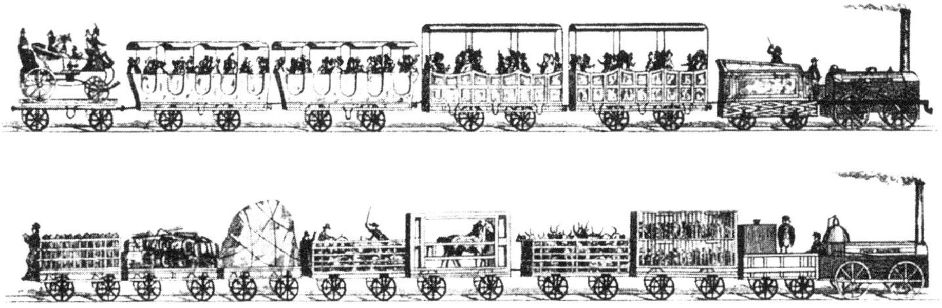

Die junge Claire von Glümer erlebte »die erst kürzlich in Betrieb genommene Eisenbahn« zwei Jahre später, als sie in das Haus ihres Großvaters, des Majors von Glümer, gekommen war. »Man ging zum Vergnügen nach dem kleinen Bahnhof vor dem Harzthore, wartete in Staub und Hitze, Qualm und Lärm auf die Ein- und Ausfahrt der Züge, die – unglaublich, aber wahr! – in fünfzehn Minuten von hier aus in Braunschweig ankamen, und von Braunschweig über Wolfenbüttel in fünf Viertelstunden nach Harzburg fuhren.

Während des Wartens tauschten die Bekannten ihre Ansichten über das neue Verkehrsmittel aus, das zahlreiche Widersacher hatte. Sie begriffen nicht, daß ein so erfahrener Mann wie der Herr Major den Eisenbahnen das Wort reden konnte. Es war doch zu gefährlich, sich ihnen anzuvertrauen; lieber langsam und sicher auf unsern guten Landstraßen ans Ziel gelangen …«

Rudolf und Ricarda Huch, um 1885

㉗ Die Wohnung von Rudolf Huch Bahnhofstraße 3

Von 1888–1896 war, wie schon erwähnt (vgl. S. 21), Rudolf Huch (1862 bis 1943), der Bruder der Dichterin Ricarda Huch, als Anwalt in Wolfenbüttel tätig. In seinen *Erinnerungen* (1924) schreibt er:

»Der Ort hatte zu meiner Zeit seinen Stil. Gegen alles, was damals modern war, schlossen sich die Beamten, die infolge ihrer höheren Bildung und noch mehr infolge der unerschütterlichen Autorität des hohen Amtes die Stadt regierten, mit einer gelassenen Geste der Nichtachtung ab. Der Ort war wie versenkt in einen Dornröschenschlaf, aus dem er denn freilich inzwischen nicht zu einer neuen Residenzherrlichkeit, sondern zu einem zeitgemäßen Stadtleben mit elektrischer Bahn erwacht ist. Die Beamten waren zum Teil alte und wieder zum Teil gelehrte Herren, die auch ihren Stil hatten. Der Oberbibliothekar, also ein Nachfolger Lessings, lieh grundsätzlich kein Buch aus, seit einmal eins beschädigt zurückgekommen war. Auf Lessing war er nicht gut zu sprechen, der hätte die Bibliothek schändlich verludert.«

Rudolf Huch hat sich als Autor durch seine antisemitischen Äußerungen in späteren Jahren allerdings in Wolfenbüttel heute unmöglich gemacht.

Die Bahnhofstraße mündet in den Harztorplatz. Wir biegen hinter dem Hotel »Zum Kronprinzen« scharf rechts ab und kommen in die Krumme Straße, die wir bis zum Ende gehen. Hier stehen heute liebevoll hergerichtete Fachwerkhäuser, die sich arme Handwerker und Soldaten im 17. und 18. Jahrhundert bauten.

㉘ Das Haus des Fuhrmanns Gahre Krumme Straße 60

In diesem langgestreckten, niedrigen Hause wohnte im 18. Jahrhundert der Fuhrmann Christian Heinrich Gahre, der als junger Mann Lessing oft nach Braunschweig brachte und der später gern dessen Noblesse im Zahlen von Trinkgeldern hervorhob. Von ihm ist folgende geradezu unwahrscheinliche Geschichte überliefert, die hier nach dem Originaltext von 1906 wiedergegeben wird:

»Mit Vorliebe rühmte er sich, Zeuge eines wunderbaren Vorfalls gewesen zu sein, bei dem von keinem Geringeren als dem Teufel selbst Lessing ein arger Streich gespielt worden war. Diese im Kreise seiner Freunde oder auch Fremder immer wiederholte Geschichte wurde von Gahre regelmäßig mit einer Betrachtung über Lessings Gelahrtheit und über die große Zahl der von ihm geschriebenen Bücher eingeleitet, die er dann mit der seine gläubigen Zuhörer in Erstaunen setzenden Mitteilung schloß: ›Tauletzt war hei sau klauk, dat hei gar ne nie Bibel eschrebben harre, da hatten aber de Dübel (der Teufel) einen Strich dorchemakt. Et war‹, so fuhr Gahre dann weiter fort, ›en paar Jahr vor sinen Dode, da leit de Herr Hofrat minen Vater bestellen, dat hei an nächsten Morgen na Bronswick fah-

Das Anwesen des Fuhrmanns Gahre (rechts)

ren wolle. Als ick daur bestimmten Stunne vor siner Husdöhr heilt, kam de Herr Hofrat mit einem groten Bauke unter dem Arme herut. ›Christian‹, segte hei fründlich, ›wenn wir nach Braunschweig kommen, dann fährt er direkt nach dem Grauenhofe (dem Residenzschlosse), ich will zum Herzog.‹ Damit steg hei in de Kutsche und legt dat Bauk vor sick up den Sitz. Dat war de nie Bibeln, die hei schreben harre und den Hertoge vorlegen wolle. Dei Fahrt ging nu nach Bronswick. De Wagen war ne Halfchaise, so dat wie uns miteinander underholen kunnten. As wie up den Bohlweg annen komen waren, da nam hei den Bibeln von dem Sitze, schlaug se up, bläderte hen und her, und kunne siene eigene Handschrift nich mehr lesen, denn de Dübel harre underdessen lauter Uhlen und Kreihen darut emakt. Hei war vor Schreck liekenblas worren, schlaug dat Bauk häftig tau und segte: ›Heinrich, wende er um, wir fahren sofort nach Wolfenbüttel zurück.‹ Underwegens sprok hei kein Wort mehr, un so keimen wi vor Mittag wedder tau Huse an.«

㉙ Die katholische Kirche und Gemeinde

Der vordere Teil der Krummen Straße zwischen Harztorplatz und Maurenstraße hieß früher »Am Bruche«. Hier befindet sich die Keimzelle der katholischen Gemeinde Wolfenbüttel. In dem Haus des Schornsteinfegers Anton Schwarz (heute Krumme Straße 54) wurde seit 1706 die Heilige Messe für die katholischen Fremden in der Stadt, Stukkateure und Sänger aus Italien, gelesen. Nach dem Übertritt Herzog Anton Ulrichs zum katholischen Glauben wurden die Nachbarhäuser (heute Krumme Straße 55 und 56) von der Katholischen Kirche hinzuerworben. Da der Betsaal in dem Privathaus für die im 19. Jahrhundert wachsende Gemeinde nicht mehr ausreichte, wurde 1891 gegenüber diesen Häusern eine katholische Kirche gebaut.

Von der Krummen Straße biegen wir nach links in die Harzstraße ein, die wir bis zum Harztorplatz entlanggehen.

㉚ Die ehemalige Samsonschule Harzstraße 12

In diesem inzwischen ebenfalls sanierten Haus eröffnete Philipp Samson (vgl. S. 85 f.), der Sohn des Schutzjuden Samson Gumpel, 1786 eine Talmud-Thora-Schule, die später nach ihrem Gründer »Samsonschule« genannt wurde. Schon 1781 hatte er im Hinterhaus eine Synagoge für die kleine jüdische Gemeinde in Wolfenbüttel eingerichtet. Auch das jüdische Waisenhaus (vgl. S. 86 f.) wurde im frühen 19. Jahrhundert hierher verlegt. Als Inspektor wirkte seit 1807 der reformfreudige Samuel Meyer Ehrenberg (1773–1853), der die rückständige Anstalt in eine jüdische Freischule umwandelte. Sein Sohn Philipp Ehrenberg (1811–1889) wurde 1846 sein Nachfolger. Die Familie, zu deren Nachkommen auch der Religionsphilosoph Franz Rosenzweig (1886–1929) gehörte, stand zeitlebens in

Samuel Meyer Ehrenberg

enger freundschaftlicher Beziehung zu dem berühmtesten Wolfenbütteler Schüler, Leopold Zunz, dem Begründer der Wissenschaft vom Judentum, der auf seinen Lehrer 1853 einen Nachruf schrieb, worin es heißt: »Samuel Meyer Ehrenberg war ein schöner Mann, von einem einnehmenden Aeußern, wie seine Eltern und Geschwister. Schreiber dieses erinnert sich noch des angenehmen Eindrucks, den er auf ihn machte, als er ihn vor funfzig Jahren das erste Mal erblickte. Der Greis hat dem jungen Manne nichts nachgegeben. Es war eine Freude ihn anzuschauen, mit den weißen herabwallenden Locken, der hohen Stirn, den sanften klugen Augen und dem unaussprechlich gütigen Lächeln um den Mund, der so viel Liebes und Schönes zu sagen wußte.«

Die Samsonschule erhielt 1896 einen Neubau am Neuen Wege, während in der Lessingstraße die Synagoge gebaut wurde (vgl. S. 73f.).

㉛ Das heutige Bildungszentrum Harzstraße 3–5

Der Stadt Wolfenbüttel als Träger der Altstadtsanierung ist es zu verdanken, daß unsere Spaziergänge heute durch Straßen führen, die fast alle – Haus für Haus – restauriert oder modernisiert worden sind. Der Landkreis hat sich an diesem Programm durch die Sanierung eines Areals in der Harzstraße 3–5 beteiligt, das durch eine Baulücke verunstaltet war. Heute verbindet ein Neubau aus Stahl und Glas die danebenstehenden alten Fachwerkhäuser zu einer Einheit mit einem einladenden Hofbereich. In dem Ensemble ist unter anderem die Kreisvolkshochschule untergebracht.

㉜ Das abgebrochene Haus von Francesco Chiaramella Harzstraße 1

Am Eingang der Harzstraße, wo heute ein sehr ansprechend saniertes Fachwerkhaus aus dem Jahre 1667 steht, befand sich das Haus des italienischen Baumeisters Francesco Chiaramella di Gandino, der 1559/60 unter Herzog Heinrich dem Jüngeren die Festungsarbeiten entwarf und leitete und Wolfenbüttel über ein Jahrhundert zu einer modernen Festung machte. Nach ihm wohnte hier der Baumeister Paul Francke (ca. 1538–1615).

Konrad Detlev von Dehn. Kupferstich nach einem Bild von H. Rigaud

㉝ Das Haus des Reichsgrafen von Dehn Harzstraße 27

Die Wolfenbütteler haben den verschwenderischen, intriganten Günstling des Herzogs August Wilhelm nie vergessen, der wie ein Komet am Himmel des Wolfenbütteler Hofes aufstieg und versank: Konrad Detlev von Dehn (ca. 1690–1753), der in diesem herrschaftlichen Hause glänzende Feste feierte, war, was immer man ihm nachsagte, ein intelligenter, machtbewußter Höfling, der die Schwäche seines Herrn ausnutzte, um selbst in das Rad der Geschichte zu greifen. Der »heimliche Regent« wurde 1731 gestürzt und trat in dänische Dienste.

Das Haus der einst sehr reichen Harzstraße stammt aus dem Ende des 16. Jahrhunderts. Der Prachtbau gehörte im 19. Jahrhundert dem Hoftischler Knust. Es steht seit längerem leer.

Wir biegen nunmehr nach rechts in die Kommißstraße ein, die zum Kornmarkt führt.

㉞ Das ehemalige Gasthaus »Zur Spanischen Krone« Kommißstraße 6

Das Haus auf der linken Straßenseite, durch eine Krone über dem Eingang kenntlich, war im 18. Jahrhundert ein Gasthaus, das nach der Hochzeit der Wolfenbütteler Prinzessin mit dem König von Spanien benannt ist. Es ist berühmt geblieben, weil hier nach der Überlieferung Giacomo Casanova gewohnt haben soll, als er 1764 in der Bibliothek arbeitete. Der Gastwirt war der Hofkellermeister Michael Jacob Wilckens, ein angesehener Bürger, der 1762 zusammen mit dem Vizekanzler Georg Septimus von Praun von den Franzosen als Geisel nach Frankreich entführt wurde.

Lessing trank – wie Goethe – gerne Wein. »Ein Gläschen Wein bot er seinen Gästen gern, ohne im Genuß desselben jemals das Maß zu überschreiten«, berichtet Amalie König. Als der Schauspieldirektor Abel Seyler seinen Freund Lessing 1777 besuchte, verbrachte man den Abend im Gasthaus bei einer Flasche Wein.

»Da, wie ganz natürlich, bei einer Unterredung zweier so alten und so lange getrennten Freunde das Mahl sich ausdehnte, äußerte Seyler einige Zweifel, daß es des Guten zu viel werden möchte. – Sehr ernst zog Lessing seine

Harztorplatz. Rechts die »Spanische Krone«. Aquarell, um 1800

Uhr hervor, legte sie vor Seylern hin, und reichte ihm die Hand mit den Worten: ›Zählen Sie einmal, wieviel Schläge mein Puls in einer Minute macht.‹ – ›Achtzig‹, erwiderte Seyler. – ›Ei nun‹, fuhr Lessing fort, ›bis er zu neunzig kommt, darf ich immerhin trinken. Kellner, noch eine Bouteille Tokaier.‹«

Als Lessing starb, war bei seinem Wolfenbütteler Weinhändler Wilckens eine Weinrechnung von 62 Talern noch nicht bezahlt.

Der Sohn des Hofkellermeisters, Heinrich David Wilckens (1763 bis 1832), der in diesem Hause geboren wurde, wird noch heute sehr verehrt – in Ungarn. Der Privatdozent, der sich in Göttingen habilitiert hatte, beschäftigte sich mit dem Forstwesen und wurde in Ungarn der Begründer der Forstwissenschaften. In Sopron (Ödenburg), wo sich heute die Forstakademie aus Schemnitz befindet, setzten ihm die ungarischen Kollegen nach seinem Tod einen Gedenkstein, der an Heinrich David Wilckens aus Wolfenbüttel erinnert.

㉟ Die Kommisse
Kommißstraße 5

Das langgestreckte mächtige Steingebäude ließ Herzog Julius 1588 zunächst als Mühle zwischen zwei Kanälen errichten. Seit 1604 wurde es als Kommisse, d. h. als Hochzeitshaus genutzt, in dem die Bürger – gewissermaßen unter obrigkeitlicher Aufsicht – ihre Feste feierten.

Von 1705–1879 befand sich hier das Gymnasium, die sogenannte Große Schule, deren Direktoren im Schulhaus wohnten und von denen vier genannt werden sollen.

Johann Christoph Dommerich (1723–1767), der von 1749–1759 die Schule leitete, war ein pädagogischer Schriftsteller der Aufklärungszeit. Sein Nachfolger Jakob Friedrich Heusinger (1719–1778) war nicht nur ein tüchtiger Schulmann, sondern auch ein bekannter klassischer Philologe. Er war mit Lessing bekannt, der ihn sehr schätzte und zur Mitarbeit an seiner Bibliothekszeitschrift heranzog. Auch Christian Leiste (1738–1815), Konrektor und späterer Nachfolger Heusingers, bewohnte die Dienstwohnung in der Kommisse und war ebenfalls, wie schon erzählt (vgl. S. 104f.), ein Mitarbeiter Lessings.

Im 19. Jahrhundert war Justus Jeep (1799–1884) von 1838 bis 1869 Direktor der Großen Schule; er war, wie erwähnt (vgl. S. 41), ein Onkel und geliebter Lehrer des jungen Wilhelm Raabe. Ebenso unterrichtete Louis Jeep, der andere Bruder von Raabes Mutter, als Lehrer an der Großen Schule.

Am Ende der Kommißstraße überqueren wir den Kornmarkt und biegen in die Klosterstraße ein.

Das Kloster zur Ehre Gottes

㊱ Das Kloster zur Ehre Gottes Klosterstraße 2

Das große, geräumige Eckhaus an der Reichsstraße aus dem 17. Jahrhundert bewohnte der Staatsminister Hieronymus von Münchhausen (1680 bis 1742), der am Hofe Ludwig Rudolfs in Blankenburg und dann in Wolfenbüttel wirkte. Er war ein hochgebildeter Mann, der eine vorzügliche Bibliothek und Naturalienkammer besaß. Aus einer anderen Linie stammte der »Lügenbaron« Karl Friedrich Hieronymus von Münchhausen (1720–1797), der 1735 Page am Wolfenbütteler Hof war und dessen Geschichten durch Gottfried August Bürger berühmt geworden sind.
Seit 1791 ist in dem Haus das Kloster zur Ehre Gottes beheimatet, das die Herzogin Elisabeth Juliane, die Gemahlin von Herzog Anton Ulrich, 1701 in Salzdahlum als Alterssitz für die unverheirateten Töchter hoher Beamter gestiftet hat. Da das Schloß Salzdahlum in der zweiten Hälfte des 18. Jahrhunderts keinem fürstlichen Zweck mehr diente – es wurde 1813–1815 abgerissen –, suchten die Damen in Wolfenbüttel ein Domizil. Der engagierten Domina Luise Elisabeth von Schliestedt war es zu verdanken, daß der Herzog das große Haus für das Kloster erwarb. Noch heute ist es ein evangelisches Damenstift.

㊲ Das Haus von Joachim Lütkemann Klosterstraße 6

Nur wenige Häuser sind uns noch bekannt, in denen hohe Geistliche, Obersuperintendenten und Hofprediger der Residenz wohnten. Nachweislich gehörte dieses schlichte Fachwerkhaus Dr. Joachim Lütkemann (1608–1655). Der aus Vorpommern stammende promovierte Theologe stand von 1649–1655 unter dem Herzog, dem »summus episcopus«, dem höchsten Bischof in der Zeit des Absolutismus, an der Spitze der lutheri-

Joachim Lütkemann.
Kupferstich

schen Kirche. Er war ein Vertrauter des frommen Herzogs und konnte es sich erlauben, in seinen Predigten in der Schloßkapelle der herzoglichen Familie mit drastischen Worten ins Gewissen zu reden. Er gehörte »zu den beliebtesten nach Form und Inhalt gediegenen Erbauungsschriftstellern der lutherischen Kirche«.

Wir gehen wenige Schritte weiter und kommen links durch die Kanzleistraße zum Stadtmarkt und zu Herzog Augusts Denkmal zurück.

Rechts: Die Lange Herzogstraße, um 1910

Vierter Spaziergang
Juliusstadt und vor dem Herzogtore

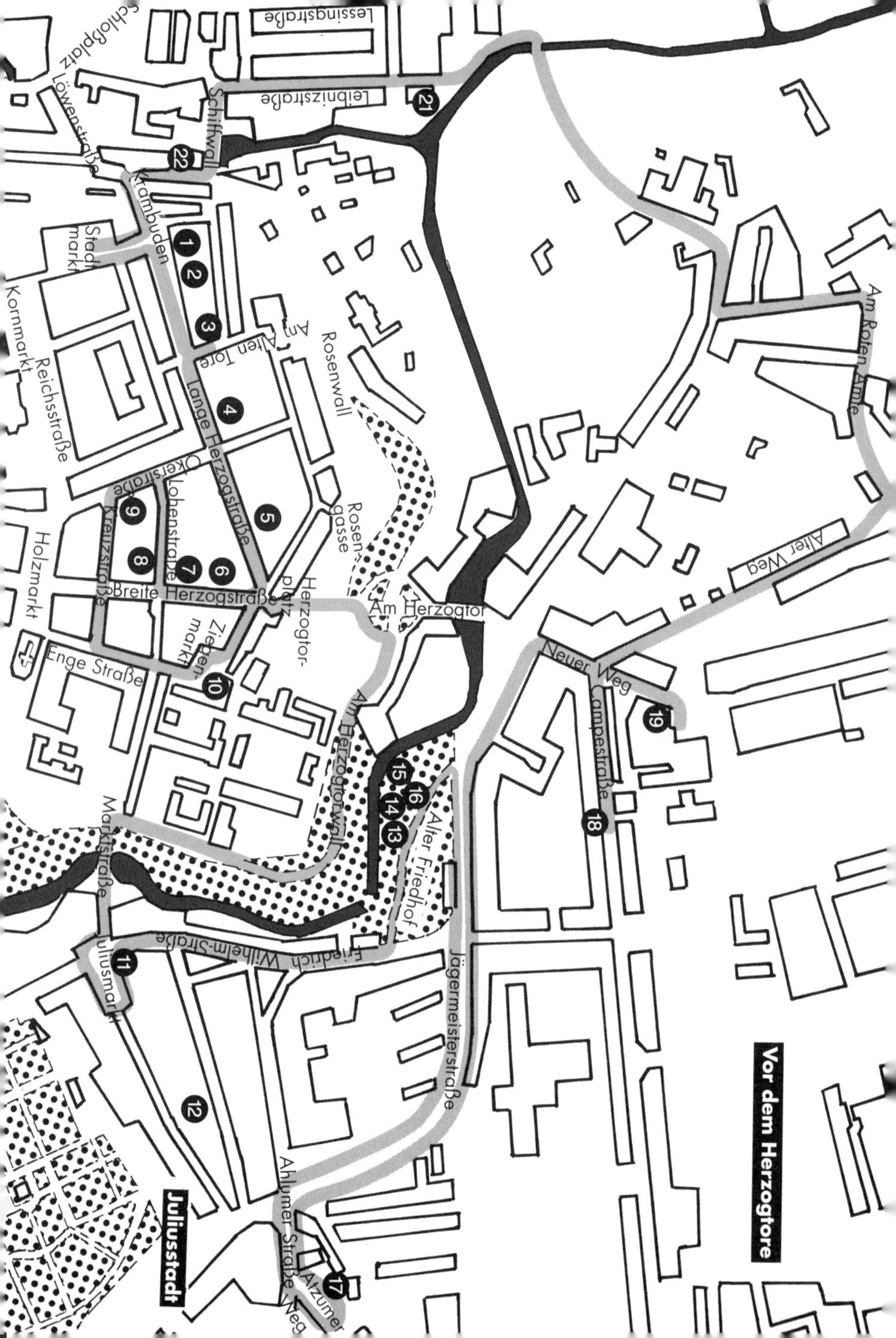

Lessingstraße
Leibnizstraße
Schloßplatz
Löwenstraße
Schiffwall
Krambuden
Kornmarkt
Reichsstraße
Am Alten Tore
Rosenwall
Lange Herzogstraße
Okerstraße
Lohenstraße
Kreuzstraße
Rosengasse
Holzmarkt
Breite Herzogstraße
Herzogtorplatz
Am Herzogtor
Ziegenmarkt
Enge Straße
Am Herzogtorwall
Alter Friedhof
Marktstraße
Friedrich-Wilhelm-Straße
Juliusmarkt
Jägermeisterstraße
Ahlumer Straße
Atzumer Weg
Neuer Weg
Campestraße
Alter Weg
Am Roten Amte
Juliusstadt
Vor dem Herzogtore
1
2
3
4
5
6
7
8
9
10
11
12
13
14
15
16
17
18
19
21
22

Der letzte Spaziergang, wiederum auf dem Stadtmarkt beginnend, führt durch die Lange Herzogstraße, die Hauptgeschäftsstraße, deren Fachwerkhäuser bekannterweise zum großen Teil durch die Einbauten der Ladenfronten im Erdgeschoß gelitten haben.

❶ Die ehemalige Fürstliche Apotheke, heute Bankhaus C.L. Seeliger Lange Herzogstraße 63

Das auffälligste Privathaus der Altstadt am Anfang der Langen Herzogstraße ist die ehemalige Fürstliche Apotheke. Neben der Kommisse, der Kirche B. M. V. und dem Zeughaus ist es das einzige aus Bruchsandstein errichtete Gebäude, das sich durch ein eindrucksvolles Renaissanceportal mit dem fürstlichen Wappen und Herzog Augusts Devise »Alles mit Bedacht« und ein barockes Ecktürmchen auszeichnet. Es wurde von dem Baumeister Philipp Müller 1586–1588 erbaut und diente von 1646 bis 1825 als Fürstliche Apotheke.

Der Apotheker stellte die Medikamente nach den Rezepturen der Ärzte her, die diese ihren Patienten verschrieben. Medizin, als Tropfen oder löffelweise verabreicht, war oft die letzte Hoffnung, einen Schwerkranken zu retten. So schickte auch Lessing seine Magd zur Apotheke, als seine Frau vom Kindbettfieber geschüttelt wurde. Als sie immer und immer noch nicht zurückkehrte, war der verzweifelte Mann über diese Saumseligkeit so er-

Rathaus und Fürstliche Apotheke, 19. Jahrhundert

bost, daß er sie, wie seine Stiefkinder sich erinnerten, »mit einem Backenstreiche züchtigte«, was sonst nie vorgekommen war.
In diesem Hause wuchs einige Jahrzehnte zuvor einer der originellsten Gelehrten des 18. Jahrhunderts auf, der längst vergessene Christian Wilhelm Büttner (1716–1801), Sohn des Hofapothekers Johann Christoph Büttner. Er war Sprach- und Naturforscher zugleich, ein maßloser Sammler von Büchern und Kuriositäten, der die von seinem Großvater Nikolaus Wilhelm Ulrich (gest. 1729) ererbte, inzwischen sehr vermehrte »Wunderkammer« der Universität Göttingen, wo er Professor wurde, überließ und sonderbare Thesen über Sprachfamilien entwickelte. Schließlich siedelte er als Hofrat nach Jena über, nachdem er seine riesige Büchersammlung Herzog Carl August von Sachsen-Weimar verkauft hatte. Goethe notierte in seinen *Tag- und Jahresheften* 1802:
»Der Tod des Hofraths Büttner, der sich in der Mitte des Winters ereignete, legte mir ein mühevolles und dem Geiste wenig fruchtendes Geschäft auf. Die Eigenheiten dieses wunderlichen Mannes lassen sich in wenige Worte fassen: unbegränzte Neigung zum wissenschaftlichen Besitz, beschränkte Genauigkeitsliebe und völliger Mangel an allgemein überschauendem Ordnungsgeiste.«
Drastisch beschreibt er in einem Brief vom 22. Januar 1802 das Chaos, das Büttner, der unter vielen Haustieren hauste, hinterlassen hatte: »Ich kann versichern, daß die geläufigste Zunge und geschickteste Feder nicht fähig sein würde, den Zustand zu beschreiben, in welchem man diese Zimmer gefunden. Sie schienen keineswegs von einem Menschen bewohnt gewesen zu sein, sondern bloß ein Aufenthalt für Bücher und Papiere. Tische, Stühle, Koffer, Kasten, Betten waren, bald mit einiger Ordnung, bald zufällig, bald ganz konfus durcheinander mit diesen literarischen Schätzen bedeckt, darunter verschiedenes altes Gerümpel, besonders mehrere Hackebretter und Drehorgeln. Alles zusammen durch ein Element von rußigem Staub vereinigt. Im Wohnzimmer, dessen Decke, Wände, Fußboden und Ofen gleich schwarz aussahen, waren mehrere Dielen von Feuchtigkeit und Unrat der Tiere aufgeborsten. Genug, es wird einiges zu fegen geben, bis auf diese literarische Schweinigelei eine militarische Propretät folgen kann.«

Christian Wilhelm Büttner. Kupferstich von C. Westenmayr, 1793

Das Grüttemannsche Haus, 1862

❷ Das Grüttemannsche Haus Lange Herzogstraße 62

Das Nachbarhaus, über Jahrhunderte immer wieder umgebaut, soll der Generalsuperintendent Basilius Sattler (1549–1624) bewohnt haben, der von 1589 bis zu seinem Tode das höchste kirchliche Amt bekleidete. Der Hofprediger vollendete das Werk der Reformation im Herzogtum Wolfenbüttel, die Herzog Julius 1568 eingeführt hatte und die drei berühmte Theologen – Martin Chemnitz, Jakob Andreae und Nicolaus Selneccer – umsetzten.

Wir machen an der ersten Straßenecke einen kurzen Abstecher nach links, in die Straße Am Alten Tore. Danach gehen wir die Hauptstraße bis ans Ende. Am Herzogtorplatz biegen wir dann rechts in die Breite Herzogstraße ein. Auf dem Wege dorthin erzählen wir von einigen Bewohnern aus dem 18. Jahrhundert.

❸ Die letzte Wohnung von Dr. Bücking Am Alten Tore 5

In dem restaurierten Haus mit der Buchhandlung Steuber starb im hohen Alter der Arzt Dr. Johann Jakob Heinrich Bücking (1749–1838), Sohn des ebenfalls bekannten Chirurgen Heinrich Wilhelm Bücking (1708–1769), dem das Haus Am alten Tore bereits gehört hatte. Dr. Bücking war ein beliebter und vielbeschäftigter Hausarzt, der in seinen Mußestunden schriftstellerisch tätig war und medizinische und naturwissenschaftliche Abhandlungen und Bücher veröffentlichte. Er war einer der vielen praktischen Aufklärungsschriftsteller, die zu Unrecht vergessen worden sind. Diese Ärzte, die täglich mit den Krankheiten und den Nöten der Bevölkerung zu tun hatten, drängten auf Reformen im Gesundheits- und Armenwesen. Vielleicht findet sich einmal ein Historiker, der sich mit dem aufschlußreichen Nachlaß Dr. Bückings in der Herzog August Bibliothek beschäftigt.

❹ Das Haus des Buchbinders Friedrich Bartholomäus Wiedemann Lange Herzogstraße 47

In einer Bücherstadt wie Wolfenbüttel hatten die Buchbinder im 17. und 18. Jahrhundert viel Arbeit, denn alle neuen Bücher, die die Buchhändler in rohen Lagen verkauften, mußten gebunden werden. Die Kunden waren die Angehörigen der herzoglichen Familie und die vielen Büchersammler und Bücherkäufer, die es damals in der

Die Lange Herzogstraße, um 1900

Stadt gab. Auch die Fürstliche Bibliothek vergab Aufträge an die Buchbinder. Einer von ihnen war der Hofbuchbinder Friedrich Bartholomäus Wiedemann (1713–1786), der zeitweise in diesem Hause wohnte und besonders kunstvolle Bucheinbände fertigte. Er hatte eine eigene Technik entwickelt, Pergamentbände so zu bearbeiten, daß sie das Farbenspiel der Perlmutter nachahmten.

Wiedemann und seine Familie hatten manche gefährliche Krankheit durchzustehen, und so kam der um die Ecke wohnende Arzt Dr. Johann Jakob Heinrich Bücking oft ins Haus. Da dieser sich für die Kunstfertigkeit seines Patienten interessierte, überredete er ihn, ihm von seiner Arbeit in allen Einzelheiten zu erzählen. Daraus entstand Bückings noch heute lesenswertes Buch *Die Kunst des Buchbindens* (1785), mit dem er dem Buchbinder Wiedemann zugleich ein originelles Denkmal setzte.

❺ Das Haus des Majors Kotzebue Lange Herzogstraße 38

In diesem Hause lebte der intensivste Leser Wolfenbüttels: Major Anton Ludwig Friedrich Kotzebue (1721–1787). Er entlieh zwischen 1755 und 1786 aus der Fürstlichen Bibliothek 474 Bücher, vor allem historische, geographische und literarische Werke. Lesen war sein Lebensinhalt. Als ihm Lessings Nachfolger die Benutzung verbieten wollte, schrieb er:

»Seit 26 Jahren habe ich die Gnade genossen, von hiesiger Hochfürstl. Bibliothek Bücher zum Durchlesen zu erhalten, und kann mich auf das Zeugnis der jedesmaligen Bibliotheks-

Offizianten sicher berufen, daß ich davon niemals auf einige Weise ein Mißbrauch gemacht habe. Da aber nunmehro der fernere Gebrauch dieser Bibliothek mir versagt wird – der jedennoch bisher die einzige und angenehme Erholung von meinem Dienst ausgemacht hat – ... So unterwinde ich mich untertänigst zu bitten: ... den ferner weiteren Gebrauch der hiesigen Hochfürstl. Bibliothek mir huldrich zu verstatten.« Was auch geschah.

Das »lesende Wolfenbüttel« im Jahrhundert Lessings ist ein faszinierendes Thema. Es gab im 18. Jahrhundert große und schöne Privatbibliotheken, die nach dem Tode der Eigentümer im allgemeinen versteigert wurden, damit die Hinterbliebenen von dieser Art »Lebensversicherung« ein wenig profitieren konnten. Die Auktionskataloge dieser Sammlungen sind teilweise erhalten, und so wissen wir, daß Johann Andreas Fricke (1676–1726), Rektor der Großen Schule, 4 200 Bände und der Konsistorialrat Gottlieb Treuer (1657–1729) ebenso viele besaß, daß der Bibliothekar Jakob Burckhard ca. 8 600 Bände und sein Bruder, der Justizrat Johann Georg Burckhard, 7 000 Bände hinterließen, daß hohe Beamte wie der Geheimrat A. A. von Cramm, der Konsistorialdirektor J. G. Schlüter und der Staatsminister von Münchhausen ebenso große Bibliotheken in ihren Häusern stehen hatten.

Darüber hinaus gab es die seit 1664 öffentlich zugängliche Fürstliche Bibliothek, die in der Zeit von 1754–1781 von mehr als tausend Lesern und Leserinnen aller Bevölkerungsschichten intensiv benutzt werden konnte. Sie war damals eine Bürgerbibliothek im besten Sinne, was Lessing zu der abfälligen Bemerkung veranlaßte, »daß außer Romanen (von denen es jedoch nur wenige gibt und gerade nicht die besten) so gut wie gar keine verlangt werden«. Zwischen 1754 und 1780 wurden etwa 13 000 Bücher ausgeliehen.

Die Ausleihverzeichnisse, in denen die entliehenen Bücher und die Namen der Entleiher seit 1664 verzeichnet wurden, sind – einzigartig in der Bibliotheksgeschichte – in der Herzog August Bibliothek überliefert und bilden eine hervorragende Quelle zur Leser- und Bildungsgeschichte in der Stadt im Übergang von einer höfischen zu einer bürgerlichen Gesellschaft. Für die Zeit von 1664–1806 sind sie jetzt von Mechthild Raabe in einem achtbändigen Quellenwerk erschlossen worden.

Wir sind am Ende der Langen Herzogstraße angelangt und biegen nun in die Breite Herzogstraße ein, die hier keine Fußgängerzone mehr ist.

❻ Der abgerissene Gasthof Zum Löwen
Breite Herzogstraße 20–21

Hier, wo heute ein unansehnliches Geschäftshaus die Reihe der alten Häuser unterbricht, stand bis 1969 der dreigeschossige Gasthof Zum Löwen, ein mehrfach renoviertes Haus aus dem 17. Jahrhundert, seit 1681 Gastwirtschaft, seit 1759 der »Goldene Löwe«. Hier traf Lessing seine Freunde, hier wohnte Elisa von der Recke.

Der abgerissene Gasthof Zum Löwen

Der alte Feldmarschall Blücher war 1815 und 1816 zur Begeisterung der Bevölkerung zu Gast. Ludwig Uhland kam im August 1841, und später versammelte sich hier der »Namenlose Club«, der Freundeskreis des jungen Wilhelm Raabe, der auch an diesem Ort an der Schillerfeier am 10. November 1859 mitwirkte. Raabe verewigte die beliebte Gaststätte in seinem *Abu Telfan,* und die berühmte Schillerfeier fand Eingang in seinen Roman *Der Dräumling.*

❼ Das Haus von Lessings Hausarzt Breite Herzogstraße 22

Auch das Nachbargebäude, das Eckhaus zur Lohenstraße, ist durch die Entkernung des Erdgeschosses für den Ladeneinbau in seinen Proportionen beeinträchtigt. Lessing dürfte das Haus gut gekannt haben, denn hier wohnte Dr. Johann Friedrich Julius Topp (1735–1784), sein Hausarzt, mit dem er befreundet war. Er war ein »kleiner, buckliger und witziger Mann«, aus Helmstedt gebürtig, wo er studiert hatte und wo eine seiner Schwestern mit dem Theologieprofessor Johann Benedikt Carpzow verheiratet war. Die Geschwister unterhielten einen lebhaften Briefwechsel, in dem aber Lessing kaum erwähnt wurde. Dr. Topp war zweimal verheiratet und lebte mit seiner Frau und elf Kindern in dürftigen Verhältnissen. Er stand Pate bei Lessings Sohn Traugott, und Eva Lessing war ein Vierteljahr zuvor Patin bei Topps Neugeborenem gewesen, das ebenfalls einen Monat nicht überlebte. »Unser Ephraim ist bey Gott –«, schrieb der betrübte Topp, »er war schön, dies solte ich wohl als Vater nicht sagen, stand viel aus, bekam einen Husten und starb in der Nacht vom Sonnabend auf den Sohntag zwischen 2 und 3 Uhr.«
Der ein wenig skurrile, aber unterhalt-

Das Haus von Dr. J. F. J. Topp, 1930

same Dr. Topp spielte gern Schach. Einer seiner prominenten Partner war Lessing, ein immer fairer Gegner: »Gewann er, so war es ihm recht, verlor er, so freute er sich noch mehr, weil er dann, nach seiner Behauptung, viel dabei gelernt habe. Daß er übrigens auch diese seine eigene Liebhaberei nicht selten bewitzelte, versteht sich bei seinem liebenswürdig ironischen Charakter, dem nichts mehr zuwider war, als trockener einseitiger Ernst, ganz von selbst.« So überliefert es der Schriftsteller Franz Horn (1781 bis 1837). Das Schachspiel war eine Lieblingszerstreuung Lessings. Er befand sich in Wolfenbüttel in der Tradition seines bibliothekarischen Vorbildes, des Herzogs August, der eines der berühmtesten Schachbücher geschrieben hat.

Das Schachtischchen, an dem die zwei ungleichen Spieler saßen, steht heute im Lessinghaus (vgl. S. 62). Es ist ein Geschenk des Kirchenrats Otto Rosenkranz (1882–1974), der ein Nachkomme Topps war.

Als Lessing gestorben war, veröffentlichte Topp einen poetischen Nachruf in den *Braunschweigischen Anzeigen* (28. 2. 1781), ein wunderliches und hilfloses Prosagedicht.

❽ Das abgerissene Haus der Familie Burckhard Breite Herzogstraße 23

Das ursprünglich gegenüberliegende, heute durch einen Neubau ersetzte Haus gehörte der Familie des Justizrats Johann Georg Burckhard (1684–1764). Er besaß eine bedeutende Münz- und Medaillensammlung, die Herzog Carl I. von Braunschweig-Lüneburg erwarb. Auch seine beiden älteren Brüder waren Sammler: der Bibliothekar Jakob Burckhard (1681–1753) war einer der Vorgänger Lessings. Seine gelehrte Büchersammlung befindet sich heute geschlossen in der Landesbibliothek Hannover. Der interessantere der Brüder und zugleich der ältere, Johann Heinrich Burckhard (1678–1738), war Arzt und herzoglicher Leibmedikus. Er besaß ebenfalls eine umfangreiche Büchersammlung, ein Naturalienkabinett und eine reiche Münzsammlung, die Bibliotheksreisende der Zeit wie die Brüder Uffenbach bewunderten. Wo die beiden Brüder Burckhard in Wolfenbüttel gewohnt haben, ließ sich nicht mehr feststellen. Wohl aber befindet sich ein Sammlungsschrank von Johann Heinrich Burckhard im stadtgeschichtlichen Museum im Schloß.

Das abgebrochene Burckhardsche Haus

Wir gehen jetzt rechts die Lohenstraße

Okerstraße mit Blick auf das Eckhaus Kreuzstraße

entlang, biegen dann nach links in die Okerstraße und an der nächsten Ecke, wiederum nach links, in die Kreuzstraße ein.

❾ Das Haus von Johann von Döring Okerstraße/Ecke Kreuzstraße

Das große Ratskämmerhaus bewohnte von 1767 bis 1782 ebenfalls ein Freund Lessings, der Drost Johann von Döring (1741–1818), mit seiner schönen Frau und den drei Kindern. Lessing hatte den Kammerherrn, der sich selbst auch Drost nannte, schon 1770 in Braunschweig kennengelernt. Für den einsamen Dichter im Schloß war das Ehepaar eine hilfreiche Stütze, das ihm bei den täglichen Plagen manche Besorgungen abnahm. In den letzten Lebensjahren pflegte Lessing fast täglich in Begleitung von Döring um den Wolfenbütteler Schloßwall spazierenzugehen.

Der Kammerherr, der hin und wieder in dem Göckingkschen oder Vossischen *Musenalmanach* Gedichte veröffentlichte, war ein dankbarer Berichterstatter, der die Freunde in Berlin und Halberstadt über Lessing, seine Arbeit, den *Nathan* und seinen Ärger mit der Regierung auf dem laufenden hielt. »Die Nachricht vom hiesigen Hofe des Inhalts, ferner keine Fragmente des Ungenannten und andere die Religion betreffende Sachen durchzulassen, ingleich die ihm genommene Censur-Freiheit macht ihn sehr verdrieslich und er dürfte leicht darüber die hiesigen Dienste verlassen«, schrieb er am 25. Juli 1778 voll Sorge an Göckingk. Als Lessing dann den *Nathan* vorbereitete, sammelte

Döring Subskribenten, wie er es auch für die Sammlung von Göckingks Gedichten tat.
Döring führte ein gastfreies Haus, in dem oft auch Lessing verkehrte. Als er einmal seine 18jährige Stieftochter mitbrachte, versäumte es Johann Georg Jacobi, der ebenfalls zu Gast war, nicht, von ihr zu berichten, daß sie »zu ihrem Madonnen-Gesicht ein dunkelbraunes, mit Perlen besetztes Kleid anhatte u. sehr freundlich nach meinem Gleim sich erkundigte«.
Am 8. Februar 1781 schrieb Döring besorgt einem Freund: »Lessing, der seit 12 Tagen in Braunschweig ist, ist vor einigen Tagen dort befallen. Der Leibmedikus Brückmann sagt, er habe eine Art von Stickfluß gehabt. Vorgestern ist ein Geschwür in ihm aufgegangen, und er wirft Blut aus – ich fürchte! ich fürchte! Sie glauben nicht wie elend der brave Mann die letzte Zeit war. Noch den Tag als er nach Braunschweig ging war er bei mir, und er konnte kaum fortschleichen und das Atemholen ward ihm äußerst beschwerlich. Sie glauben nicht wie edel der Mann denkt. – Er ist mir über Alles werth! – Gott steh ihm bey.«
Acht Tage später war Lessing tot. Drost von Döring kümmerte sich um die Stiefkinder und verwahrte die Manuskripte in seiner Wohnung, bis der Bruder, der Breslauer Münzdirektor Karl Lessing, letztere mitnahm.
Ein Jahr später verließ Döring Wolfenbüttel. Er zog nach Altona und trat in dänische Dienste. In Wolfenbüttel wurde er vergessen.
Unser Weg führt weiter durch die idyllische, baumbestandene Kreuzstraße. Wir überqueren dabei die Breite Herzogstraße. Vorbei an den kleinen Fachwerkhäusern, die für die Randbezirke der Altstadt typisch sind, gehen wir nach links durch die Enge Straße bis zum Ziegenmarkt.

⑩ Das Gefängnis Ziegenmarkt 10

Hinter dem tristen Eingang liegen die Gebäude des Gefängnisses, das sich früher in den Kasematten der Festungsanlage, des Philippsbergs, be-

Die Hinrichtungsstätte im Strafgefängnis. Heute Gedenk- und Dokumentationsstätte

fand. Ein wuchtiges Renaissancetor im Innern des Komplexes erinnert an diese Zeit.
Auch der Schrecken der jüngsten Vergangenheit liegt über diesem Ort. In einem schuppenartigen Gebäude inmitten des Gefängnisgeländes befand sich die Hinrichtungsstätte, in der zwischen 1940 und 1945 Hunderte von Menschen, Deutsche, Belgier, Franzosen, Polen und Russen, nach unwürdigen Prozessen durch das Fallbeil starben. Seit einigen Jahren ist hier eine Gedenkstätte, die besichtigt werden kann. So werden die Spuren sichtbar, die ein unmenschliches politisches System auch in der Stadt Lessings hinterlassen hat.
Wir setzen unseren Rundgang fort, kommen über den Ziegenmarkt zum ehemaligen Herzogtor, das wie alle übrigen Stadttore beim Schleifen der Festungsanlagen zerstört wurde. Wir gehen stadtauswärts und biegen vor den beiden klassizistischen Torhäuschen aus dem 19. Jahrhundert nach rechts in den Herzogtorwall ein, den wir durch die Grünanlagen bis zur Marktstraße gehen. Wir halten uns links und gelangen über eine Okerbrücke in die Juliusstadt.

⓫ Der Juliusmarkt

Der kleine Platz ist das Zentrum der aus wenigen Straßen bestehenden Juliusstadt, die nach Herzog Julius zu Braunschweig und Lüneburg benannt ist. Während seiner Regierungszeit zwischen 1568 und 1589 wurde ein riesiges städtebauliches Projekt geplant, schließlich aber nur eine kleine Vorstadtsiedlung angelegt, die den Namen »Gotteslager« trug und in der – wie in der Auguststadt – Handwerker und Soldaten, Witwen und Arme wohnten.
Ein ungewöhnliches Reiterdenkmal steht am Rande des Platzes: Der verwachsene Herzog Julius – »er sah aus wie ein Affe«, notierte ein Zeitgenosse – reitet ein buntes und plumpes Karussellpferdchen. Diese Karikatur eines Reiterstandbildes ist das Werk eines jungen Wolfenbütteler Künstlers, Franz Burckhardt. Es wurde 1992 aufgestellt und bringt durch Form, Haltung und Farbigkeit offensichtlich zum Ausdruck, wie sehr der Wolfenbütteler Fürst, der sich um den Bau der Stadt, um Kirche und Kultur die größten Verdienste erworben hat, für den Künstler in eine ferne Märchenwelt entrückt zu sein scheint.

⓬ Wo wohnte Lessings Magd?

Am Ende der Juliusstraße, die vom Juliusmarkt abgeht (früher Gotteslager 32), wohnte möglicherweise Clara Gundermann, die Magd, die in Lessings letzten Lebensjahren in seinen Diensten stand und schon im Meißnerschen Haus bei Eva Lessing beschäftigt war (vgl. S. 53). Als man sie später als alte Frau nach Lessing befragt hat, soll sie gesagt haben: »He harre nix, he glöwde nix, he dochte nix.« (»Er hatte nichts, er glaubte nichts, er taugte nichts.«)
Noch ein anderer Ausspruch von ihr ist überliefert: »Ja smöken un schrieben konne he woll, aber tau weiter was he nich tau bruken.« (»Ja, rau-

chen und schreiben konnte er wohl, aber zu Weiterem war er nicht zu gebrauchen.«) Clara Gundermanns Stimme war Volkes Stimme. Die einfachen Leute konnten seine Welt nicht verstehen.

Wir gehen nun die Friedrich Wilhelm-Straße entlang, vorbei an dem früheren Haus des Bildhauers Erich Schmidtbochum, und kommen nach dem Gesundheitsamt zu dem ehemaligen Schloßfriedhof, auf dem die verstorbenen Angehörigen adliger Familien beigesetzt wurden. An den wenigen erhaltenen Grabstätten kann man noch einige Namen entziffern: Adam Enno von Knuth (gest. 1798), Ludwig Heinrich von Brandenstein (1718–1789), Familie von Rosenstern, Familie von Rodenberg, Familie von Strombeck. Auf dem Friedhof befinden sich verschiedene bürgerliche Familiengräber aus der zweiten Hälfte des 19. Jahrhunderts.

⓭ Das Grab von Henriette Breymann

In der Geschichte der Frauenbewegung hat der Name Henriette Breymann (1827–1899) einen guten Klang. In Wolfenbüttel geriet sie – zu Unrecht – in den Schatten von Anna Vorwerk, deren Vorbild sie einst war. Aus einer Braunschweiger Pastorenfamilie stammend, widmete sie sich nach dem Besuch der Töchterschule in Wolfenbüttel der Erziehung ihrer jüngeren Geschwister. Ihr Onkel war Friedrich Fröbel (1782–1852), der in Keilhau, Thüringen, den ersten Kindergarten gründete. Dieses heute in

Henriette Breymann

vielen europäischen Sprachen benutzte Wort hatte Fröbel für seine neue Form frühkindlicher Erziehung gewählt. Henriette Breymann wurde bald seine begabteste Schülerin und gründete im Pfarrhaus ihres Vaters in Watzum bei Schöppenstedt 1854 den ersten Fröbelschen Kindergarten. Dieses »Breymannsche Institut« wurde 1864 nach Wolfenbüttel an den Neuen Weg inmitten von Gärten verlegt und schnell bekannt. In dem Internat wuchs von 1866 bis 1869 auch Clara Schumanns jüngste Tochter Eugenie (1851–1938) unter der Fürsorge der Leiterin heran.

1866 gründete Henriette Breymann einen »Verein für Erziehung«, der der Träger des im Schloß eröffneten Kindergartens wurde (vgl. S. 36). Die für die Arbeit gewonnene Schriftführerin, die Beamtentochter Anna Vorwerk,

verstand es, Henriette Breymann in den nächsten Jahren auszubooten. Diese heiratete ihren juristischen Berater, den fünf Jahre jüngeren Karl Schrader, mit dem sie 1872 nach Berlin zog. Das war für Wolfenbüttel ein großer Verlust. Das »Pestalozzi-Fröbel-Haus« in Berlin wurde ihr großes Lebenswerk. In Wolfenbüttel wurde sie, wie später auch ihr Mann, in dem Familiengrab beigesetzt.
Wie Henriette Breymann die Fröbelsche Idee des Kindergartens in der frühindustriellen Gesellschaft verwirklichen wollte, hat sie immer wieder in ihren Schriften dargestellt. So heißt es 1872 in einem Vortrag:
»Bei der Gründung eines Kindergartens müssen wir ein häusliches Leben zur Norm nehmen und ihm in seinen Grundzügen nahe zu kommen suchen, wir müssen ihn in der Natur gründen, müssen eine kleine häusliche Einrichtung, wie Küche etc., mit den nothwendigsten Geräthen haben, auch wo möglich einige Hausthiere u. s. w. Vor allen Dingen sind so eingerichtete Kindergärten in großen Städten eine Nothwendigkeit, da das enge Zusammenleben der Menschen in Straßen und Häusern die Natur immer mehr verdrängt, ja dem Kinde oft kaum freie Bewegung in den häuslichen Räumen gestattet.«

⓮ Das Grab von Adolf Breymann

Die Breymanns waren eine begabte Familie, ihr Hintergrund war ein lebendiger Protestantismus. Henriettes jüngerer Bruder Adolf Breymann

Eugenie Schumann. Bleistiftzeichnung von R. Lehmann, 1871

(1839–1878) starb wie zwei seiner Schwestern früh. Er war der Künstler der Familie, ein Bildhauer, der im Stil der Zeit Denkmäler und Brunnen aus dem Geist des Historismus des 19. Jahrhunderts schuf.

⓯ Das Grab von Anna Vorwerk

Nicht weit von dem Grab ihrer Rivalin fand auch Anna Vorwerk neben ihren Eltern, dem Obergerichtsrat Wilhelm Vorwerk und seiner Frau, ihre letzte Ruhestätte. Ihr Lebenswerk haben wir am Ort ihres Wirkens bereits kennengelernt (vgl. S. 71 f.).

⓰ Das Grab von Ludwig Konrad Bethmann

In der Herzog August Bibliothek befindet sich die eindrucksvolle Büste des Bibliothekars Ludwig Konrad Bethmann (1812–1867) von Adolf Breymann. Eine verdiente Ehrung, denn Bethmann war der eigentliche Reformer der Herzoglichen Bibliothek in Wolfenbüttel. Er leitete sie von 1855 bis zu seinem frühen Tod. Er stellte die seit 1700 erworbenen Bücher und Büchersammlungen nach einem Wissenschaftssystem auf und erreichte endlich die Ordnung, die weder Lessing noch dessen Vorgängern und Nachfolgern gelungen war. Bethmann war Historiker wie vor ihm der zuletzt erblindete Carl Philipp Schönemann und nach ihm der energische Otto von Heinemann, der sein Werk fortführte. Er war im übrigen der Begründer eines heute weit verbreiteten Berufsstandes, des wissenschaftlichen Mitarbeiters, denn er erforschte in Italien im Auftrage einer historischen Kommission mittelalterliche Quellen zur deutschen Geschichte.

Am Ausgang des Friedhofs kommen wir zur Friedrich Wilhelm-Straße. Hier besteht die Möglichkeit, einen Abstecher zum Jüdischen Friedhof zu machen, der allerdings häufig verschlossen ist. Man geht dazu nach rechts, folgt der Jägermeisterstraße bis zur zweiten Ampelkreuzung und biegt von dort nach links in die Ahlumer Straße, von der nach wenigen Schritten der Atzumer Weg abzweigt. Auf der linken Seite ist der Eingang zum Friedhof.

Konrad Bethmann. Kreidezeichnung von Otto Heyden, 1848

⓱ Der Jüdische Friedhof

Der Schutzjude Gumpert Fulda stellte 1700 einen Antrag an Herzog Anton Ulrich für eine Grabstelle, und so entstand weit vor den Toren der Stadt der kleine Jüdische Friedhof, auf dem Philipp Samson, Samuel Meyer Ehrenberg und viele andere Mitglieder der jüdischen Gemeinde beigesetzt worden sind. Der Friedhof wurde 1938 von den Nationalsozialisten geschändet, ist aber inzwischen zur Erinnerung an die jüdischen Mitbewohner wieder hergestellt worden.

Wir stehen – wieder – am Ausgang des Friedhofs an der Friedrich Wilhelm-Straße, die wir nach links weitergehen und an der großen Kreuzung Richtung Norden überqueren. Wir befinden uns

Jüdischer Friedhof

nun »vor dem Herzogtor« auf dem Neuen Weg. Vom Neuen Weg zweigt die Campestraße ab.

⓲ Das Haus von Friedrich Schäfer Campestraße 16

Neben dem überdachten Eingang des um die Jahrhundertwende gebauten Hauses kann man ein in dunklen Tönen gehaltenes Wandbild entdecken. Es stellt einen Wanderer dar, der einer alten Frau vor ihrem Hause entgegengeht. Es ist »Didel mit dem Zauberpfeifchen«, an dem Vogel auf seiner Schulter zu erkennen. Die Figur schuf ein Schriftsteller, der in diesem Hause wohnte: Friedrich Schäfer (1857–1930). Seine Märchen aus dem Anfang des Jahrhunderts sind volkstümliche Kinderbücher der Kaiserzeit, mit Illustrationen ausgestattet, anrührende Geschichten aus einer vergangenen Welt.
Schäfer war der Sohn eines Wolfenbütteler Oberlehrers, wurde Buchhändler, besuchte das Lehrerseminar und war danach Bürgerschullehrer bis zu seiner Pensionierung. Zu seiner Zeit war er ein beliebter Heimatdichter und schrieb Gedichte im Stil Emanuel Geibels. Mit seinen *Märchen von Didel mit dem Zauberpfeifchen* oder *von Friedel mit dem Wunderreifchen, von Falk Trutzdemtod und Rosalinde* und anderen eroberte er die Herzen der Kinder. Er war eine populäre Persönlichkeit in der »lieben kleinen Herzogstadt«.

Wir gehen zum Neuen Weg zurück und folgen ihm etwa fünfzig Meter.

⑲ Das Forsthaus
Neuer Weg 5

Das alte Gasthaus vor dem Herzogtor bewirtschaftete seit 1863 Gustav Busch (1836–1888), dessen Frau Alwine geb. Knust es mit in die Ehe gebracht hatte. Er war der jüngere Bruder des berühmten Zeichners und Dichters Wilhelm Busch (1832–1908), der damals zum erstenmal nach Wolfenbüttel kam und am 11. April 1864 nach seiner Rückkehr aus Wiedensahl schrieb: »In Wolfenbüttel blieb ich über 14 Tage bei durchweg sonnigem Wetter. Herrlich! Erdbeerbowlen, Waldpartien und ländliche Spiele. Wie man nur so kindisch sein kann! Aber schön war's!« Es hatte ihm »ein hübsches Kind« angetan, das im Hause seines Bruders tätig war. Doch es blieb ein Flirt.

Der unverheiratete Wilhelm Busch war seither immer wieder bei seinem Bruder und seiner Schwägerin zu Gast, und er wurde hier auf dem Lande vor der Stadt heimisch. Er liebte die Natur, den Hühnerhof, die Blumen, den Garten und reimte im August 1872:

»Als ich vor etwa tausend Jahren
Von Frankfurt schnell hinweggefahren
Und im Coupé der Eisenbahn
Den ersten Dämmerschlaf gethan,
Da war es Nacht, und an den Wagen
Hört ich die scharfen Schloßen schlagen,
Und wie bei Kaßel der Morgen graute
und wie ich hinaus zum Fenster schaute,
Da lag im Thal und auf der Höh
Viel weißer, kalter Winterschnee. –

Das alte Forsthaus um die Jahrhundertwende

Doch weiter fuhr ich, immer weiter;
Die Sonne ging auf, der Himmel ward heiter;
Und als ich im alten Wolfenbüttel
Bei Seit gestellt den Wanderknittel
Und mir so Alles rings besah –
Schau, schau! da war auch der Frühling da. –
Drei Katzen saßen im Sonnenschein
Und blinzten so in den Tag hinein.
Zwei Füllen sprangen kreuz und quer,
Hopphopp, auf dem weiten Hofe umher.
Die Hähne krähten kikerikih! ...«

Das idyllische Landleben schilderte er auch am 26. April 1875 Maria Anderson, seiner Brieffreundin: »Wolfenbüttel – ehemals Residenz, anitzo zweite Stadt des Herzogthums Braunschweig – berühmt durch seine Bibliothek, berühmter noch durch seinen einstmaligen Bibliothekar Leßing – Wolfenbüttel ficht mich wenig an. Ich wohne auf dem Forsthause, vor dem Thor der Stadt gelegen. Dieses Forsthaus, im grauen Alterthum ein wirkliches Forsthaus, ward später Wirtshaus und Posthalterei. Eine Tochter des letzten Posthalters hat einer meiner vier Brüder geheirathet. Er verkaufte die Wirtschaft, behielt den größten Theil des Grundstücks zurück und hat darauf eine Conservenfabrik angelegt. In seinem Keller liegt guter Rheinwein und guter Champagner; rings um's Haus liegen Obstgärten. Den Wein genieß' ich nach Belieben; auf die Blüthen muß ich, scheint's, noch warten; denn kalt ist die Luft und bitterkalt der Wind. Ich trinke kein Bier, ich spiele keine Karten, ich liebe keine philisterhafte Geselligkeit. Drum – was schert mich Wolfenbüttel die Stadt!?«

Seit 1872 baute Gustav Busch mit Partnern die Konservenfabrik auf, die unter dem Firmennamen Busch, Barnewitz & Co. bis in unsere Zeit bestand und das Gemüse, das ringsum die zahlreichen Gärtner anbauten, verarbeitete.

Wilhelm Busch baute sich damals »eine Art von Gartenhaus ... mit Nordlicht«. In diesem »Bretterbudenatelier« malte er: »An Modellen fehlt es mir nicht, weil auf meines Bruders Hofe allerlei Leute zu thun haben, die ich nur herein zu rufen brauche.« Viele düstere Ölbilder sind hier entstanden: Er porträtierte einfache alte Leute, oder er malte den Garten, die Bäume, die Sträucher.

Viele Sommer war er bei seinem Bruder zu Gast, und es bürgerte sich ein, daß der Junggeselle Jahr für Jahr im Forsthaus den Silvesterabend bei einem Punsch im Kreise der Verwandten verbrachte. Nachdem der Bruder 1888 gestorben war, kam Wilhelm Busch seltener nach Wolfenbüttel. Der Künstler erlebte im übrigen noch die Fahrten mit der Elektrischen, die seit 1897 von Braunschweig über den Neuen Weg nach Wolfenbüttel fuhr und erst 1954 ihren Betrieb einstellte. Die Gaststätte aber hat »das gemütliche Leben im Forsthause« bis heute bewahrt.

Rechts: Wilhelm Busch (stehend) mit seinem Bruder Gustav, seiner Schwägerin Alwine geb. Knust und Grete Fehlow

Wir gehen vom Forsthaus auf der rechten Straßenseite zurück und biegen rechts in den Alten Weg ein, dem wir bis zur Abzweigung der Straße Am Roten Amte folgen.

⑳ Die Wohnung von Ferdinand Grimm Alter Weg 31

In diesem Haus verbrachte Ferdinand Philipp Grimm (1788–1845), der jüngere Bruder von Jakob und Wilhelm Grimm, seine letzten Lebensjahre. Er war das schwarze Schaf der berühmten, etablierten und erfolgreichen Familie, ein gescheiterter, frustrierter, von seinen großen Brüdern nicht sonderlich geliebter Mann, der ihnen in jungen Jahren beim Sammeln von Sagen half, sich dann in Berlin als Konrektor und Schriftsteller durchs Leben schlug und durch einen Zufall nach Wolfenbüttel kam, wo er arm und krank bei der Gärtnerwitwe Dorothea Röber geb. Rammelsberg seit Mai 1837 wohnte. Er war arbeitslos.

An seinen Bruder Jakob schrieb er am 12. Februar 1838: »Mir eine nur einigermaßen einträgliche Stellung zu gewinnen ist Unmöglichkeit, alles ist mit Menschen überfüllt, jede Arbeit wohlfeil in zehn Händen zu haben ... Seit Mai wohne ich entfernt von der Stadt bei Gärtnerleuten in feuchter enger Stube, Bett, Tisch, zwei Stühle auf steinernem Fußboden sind alles was ich habe. Seit einem Jahr habe ich keine zwei Monate warm gegeßen ... In Noth und Kummer ist meine letzte Kraft vergangen, die Kälte nagt an meiner Lunge, eine krampfige Hand ist tagelang zum Führen der Feder unbrauchbar ...«

Und ein Jahr später, am 9. Februar 1839, klagte er Carl Grimm, seinem ein Jahr alteren Bruder: »Ich bin hier allein, habe mit keiner Seele Umgang, als mit meinen Gärtnersleuten, ganz rohen, sonst redlichen Plattdeutschen. Das Haus steht an einem Kreuzweg, Kohlmeisen pochen ans Fenster meiner kalten Kammer, in der es nach Kuhstall riecht, und alle Nacht höre ich im Wind die Eulen rufen und die hungrigen Hasen schreien, die von den alten Eichen und Buchen des nahen Waldes herkommen. Die Stadt wäre leidlich, wenn ihr Volk nicht das unangenehmste wäre, das man sich denken kann. Nur mit der Gegend bin ich befreundet, die nördlich einen guten Punkt hat, eine Schanze, Haus, Wall und Graben, aus welcher Philipp der Großmüthige die Katholiken mit Kugeln beschoß, im Rücken steht der ewig gepuderte Brocken, vor sich hat man die Thürme Braunschweigs.«

Dennoch war der verzweifelte Ferdinand Grimm nicht untätig. Im Herbst 1838 erschienen in Zeitz seine *Volkssagen der Deutschen* unter dem Pseudonym Philipp von Steinau. Er studierte fleißig in der Bibliothek und sammelte auch in seiner unmittelbaren Umgebung weiteres Material. So erzählte ihm seine »Hausfrau« am 28. Januar 1839 die Geschichte, wie ein Zwerg ein Kind holte:

»In den Gärtnerwohnungen vor Wolfenbüttel am ›alten Weg‹, nicht weit von meinem Haus, wohnte der Gärtner Düerkop. Dessen Frau wurde von Nachbarinnen oft gewarnt, wenn sie

Ferdinand Grimm. Zeichnung von L. E. Grimm, 1808

ihr Wochenbett hielt, die Thüre in der Nacht fest zuzubinden mit Tüchern, damit ihr ihr Kind nicht gestohlen würde von den Zwergen, welche von der Oker her kämen. Sie befolgte lange den Rath, einmal jedoch vergaß sie die Thüre zu befestigen. In der Mitternacht schlich ein Zwerg hinein in die Stube, und nahm das kleine Kind aus der Wiege, welche neben ihrem Bette stand, sie griff hastig danach, und hatte ein fremdes Kind in den Händen. Die Frau erhob alsbald ein entsetzliches Geschrei und warf den fremden Säugling dem entfliehenden Zwerg nach, der jetzt zurückkehrte und das ihrige mit Heftigkeit hinter einen alten Kasten schleuderte, das seinige aufhob und verschwand noch ehe die erschrocknen Hausleute in die Stube kamen; das Kind ist jetzt Frau Düerkop, im Alter von 46 Jahren und wohnt in Gärtner Linnes Haus am Kreuzweg des alten Weges.«

In den Gärtnerfamilien war noch mancher Aberglaube verbreitet. Ferdinand Grimm notierte sich solche unglaublichen Vorstellungen:

»Aus Wolfenbüttel.

Wenn man beim Bettgehen die Schuhe so stellt, daß die Spitzen gegen das Bett stehen, so drückt einen der Alp.

Wenn in Wolfenbüttel an Winterabenden kleine Schmetterlinge um das Licht fliegen, darf man sie nicht stören oder vernichten. Sie bringen in diesem Fall Glück, sonst Unglück ins Haus.«

Doch Ferdinand Grimms Lebenskraft war erschöpft. Er starb am 6. Januar 1845 und wurde auf dem Bürgerfriedhof hinter der Trinitatiskirche beigesetzt. Jakob Grimm kam damals zur Beerdigung seines Bruders zum erstenmal nach Wolfenbüttel.

Im Ludwig Holle Verlag am Stadtmarkt erschienen 1846 Friedrich Grimms *Burg- und Bergmärchen*. Der Autor hatte, seit er in Wolfenbüttel lebte, seinen Vornamen geändert.

Nachdem wir auf die Spuren eines vergessenen Schriftstellers geraten sind, verlassen wir den Alten Weg dort, wo er am Kreuzweg gewohnt hatte, gehen Am Roten Amte entlang bis zur Umgehungsstraße, die wir überqueren. Wir gehen, uns etwas rechts und dann links haltend, an

Sportplätzen vorbei und über eine Brücke zu einem Parkplatz, folgen dann dem Okerlauf auf einem schmalen Pfad zur Leibnizstraße.

㉑ Das Feierabendhaus Leibnizstraße 6

»Zu Nutz und Frommen alter und erholungsbedürftiger Lehrerinnen« baute Anna Vorwerk, die Begründerin der Schloßanstalten in Wolfenbüttel, dieses dreigeschossige, geräumige Gebäude. Der Bericht über die Einrichtung am Tage der Eröffnung, dem 29. August 1896, vermittelt in seinem Enthusiasmus die Lebensweise der Stadt vor hundert Jahren:

»Das Kellergeschoß mit seinen zum Teil schon gefüllten Vorratsräumen, deren Reihen von Töpfen und Flaschen das Entzücken der Gäste hervorriefen, dem Plättezimmer und besonders der Badestube fand lebhaften Beifall. Im Erdgeschoß wurde besonders die trefflich eingerichtete Küche, im ersten und zweiten Stock wurden die hellen Wohn- und Schlafzimmer mit den hübschen Tapeten und der freundlichen Aussicht auf Garten, Wiese und Fluß gründlich geprüft und bewundert ... Das Eßzimmer ist mit eichenen Möbeln versehen und hat olivenfarbige Vorhänge und Bezüge ... Das Besuchszimmer ist braun gehalten und besitzt einen beneidenswerten Reichtum von behaglichen Sesseln und Stühlen. Für den praktischen Wandschrank ist uns gleich der Anfang einer Bibliothek versprochen. Die herrliche große Glasveranda ist mit bequemen Rohrmöbeln versehen und läßt den Blick durch die bogenförmigen Fenster frei nach allen Seiten schweifen. Ungeteilten Beifall fanden die breiten, hellen, mit Sprüchen geschmückten Corridore, mir Ruhebänken, zierlichen Sesseln und Tischchen ausgestattet.«

Heute wohnen hier Stipendiaten der Herzog August Bibliothek. Ein langjähriger Gast der Bibliothek war eine polnische Wissenschaftlerin, Elida Maria Szarota (1904–1992), die ihr Leben in Wolfenbüttel beschloß. Sie war die Tochter eines galizischen Journalisten und einer deutschstämmigen Mutter, der Schriftstellerin Elsa Kalkowska. Sie wurde in Paris geboren, besuchte mit Klaus Mann die Odenwaldschule, promovierte in Frankfurt, heiratete einen polnischen Schriftsteller, den die Deutschen 1939 erschossen, verbrachte einige Jahre im Gefängnis und wurde nach dem Kriege die Neubegründerin der polnischen Germanistik. Sie war eine kapriziöse, hochgebildete und angesehene Barockforscherin, Repräsentantin einer in Wolfenbüttel wieder heimisch werdenden europäischen Gelehrsamkeit.

Wir gehen durch die Leibnizstraße weiter und über den Schiffwall, vorbei an Klein Venedig, und biegen in die Mühlenstraße ein.

㉒ Die ehemalige Wohnung von Lessings Bibliothekssekretär Mühlenstraße 3

Das Haus ist zwar durch einen großen Neubau ersetzt worden, für den auch die Nachbarhäuser abgerissen wurden. Doch am Ende unserer biographischen Entdeckungsreise erinnern wir hier an den Bibliothekssekretär Carl Johann Anton von Cichin (1723 bis 1793). Zur Zeit Lessings erledigte er neben dem Bibliotheksdiener Helms, mit dem er ständig im Streit lag, die laufenden Bibliotheksgeschäfte. Ein undurchsichtiger Mann, von dem gemunkelt wurde, daß er ein natürlicher Sohn des Kaisers Karl VI. sei, der mit einer Wolfenbütteler Prinzessin verheiratet war, und daß er – ein entlaufener Dominikaner oder Kapuziner – zum protestantischen Glauben übergetreten sei. Seit 1759/60 in Wolfenbüttel tätig, gebildet, intrigant, fleißig, begegnete er Lessing mit Bewunderung und Verachtung zugleich und verzeichnete nach dessen Tod die Bücher, die man in der Wohnung fand, und versah seine Aufzeichnungen mit sarkastischen Bemerkungen. In dem Ausleihbuch, das er führte, aber vermerkte er:

»Pro memoria. Den 15.ten dieses Monaths hat Fürstl. Bibliothec durch den in Braunschweig erfolgten Tode des Herren Hofrath Lessing ihren Bibliothecarium, und Teutschland seinen großen und durch seine Schriften berühmten Gelehrten verlohren. Cui Requiem.«

Es sind nur noch wenige Schritte zu gehen: Wir sind wieder am Stadtmarkt und haben damit auch unseren letzten Spaziergang beendet.

Lessings Totenmaske

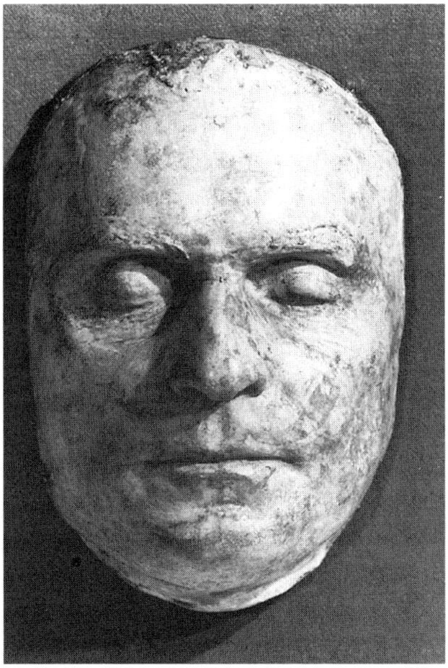

Lessings Wolfenbüttel: Der Schriftsteller Dieter Hildebrandt, 1978 im Lessinghaus zu Gast, veröffentlichte ein Jahr später seine Lessing-Biographie. Mit seinen Worten über den genius loci beschließen wir die Schilderung unserer vier Spaziergänge:

»Wolfenbüttel ist die erste Station (und die letzte), wo wir Lessing in seiner Umgebung einholen und uns vorstellen können, in einer alten intakten Umgebung. Allen anderen Orten, den Lessingschen Großstädten Leipzig, Berlin, Hamburg, haben Zerstörung und Entwicklung, Krieg und Friedensübermut, hat die Geschichte den Rest gegeben; Kamenz ist noch einmal im vergangenen Jahrhundert vom Feuer heimgesucht worden; einzig Wolfenbüttel blieb verschont: von

Bomben und Bauwut, von Wandel und Handel, vom 19. Jahrhundert und fast ganz vom zwanzigsten. Hier gibt es noch die alten Gassen mit den meist schmalen, kaum einmal patrizisch sich breit machenden Fachwerkhäusern, hier gibt es noch den Stadtmarkt mit dem jungen Gemüse, einen der schönsten Plätze im Norden Deutschlands, und was ihn ziert, ist kein Lessing-Monument, sondern ein Reiterdenkmal, das den Reiter neben dem Pferd zeigt.
In Wolfenbüttel ist die Geschichte gleichsam eingeschlafen, und der sie erweckt hat, ist paradoxerweise Lessing. Die Stadt hat sich inzwischen neu begriffen und begründet als Lessingstadt. Seit Wolfenbüttel sich auf das Jahrzehnt mit Lessing besonnen hat, ist es eine Stadt dieses Jahrhunderts geworden.... Seit es die Vergangenheit entdeckt hat, hat es Lust und Anspruch auf Aktualität: ›Eine Lessingstadt steht im Dienst der Geschichte, in dem Bemühen, in einer geschichtslos werdenden Zeit für das Geschichtsbewußtsein und für Menschlichkeit zu wirken.‹«

Rechts:
Lessings Denkmal in Braunschweig

Lessing in Braunschweig
Ein Ausflug

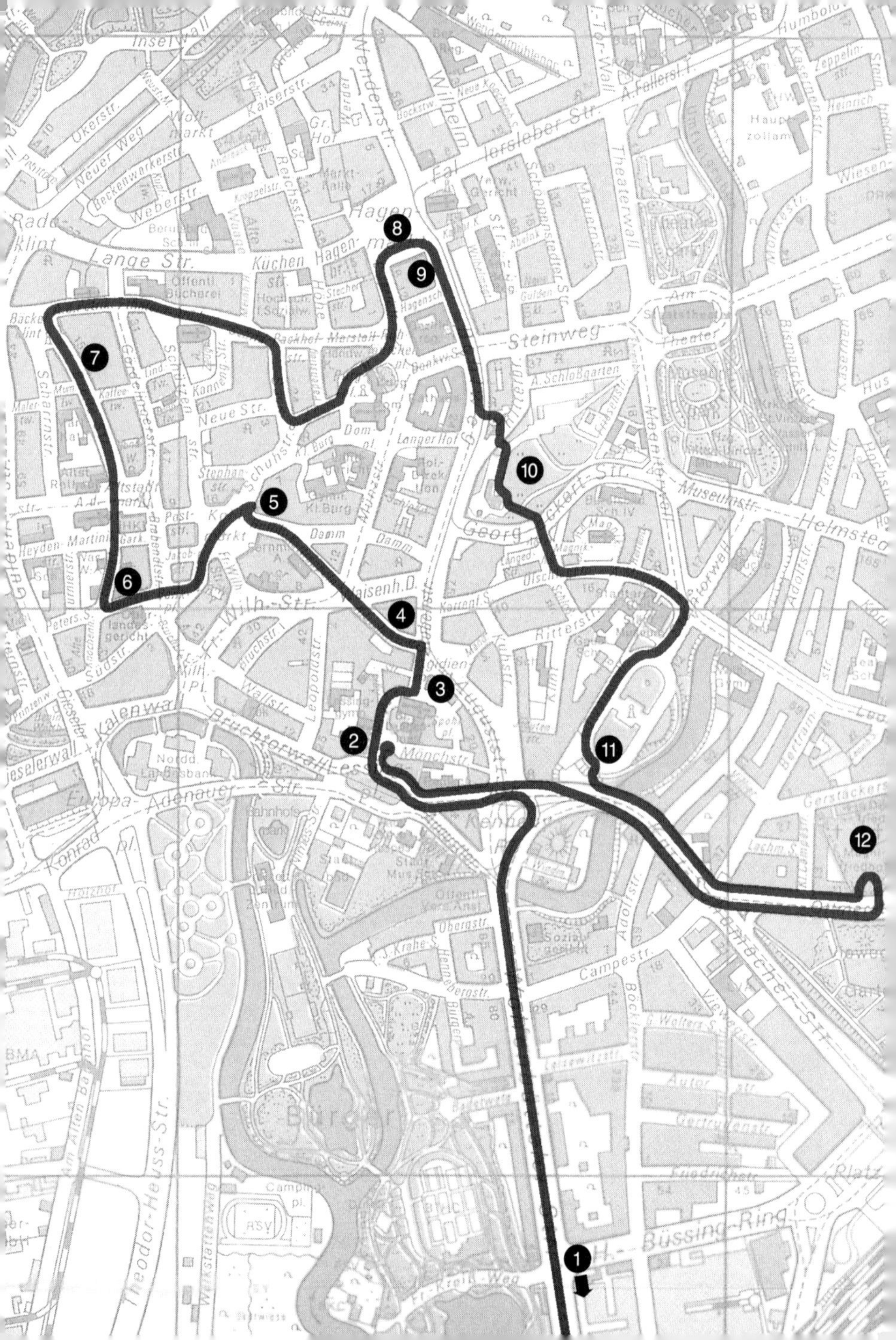

1
2
3
4
5
6
7
8
9
10
11
12
Inselwall
Okerstr.
Neuer Weg
Beckenwarkerstr.
Weberstr.
Kaiserstr.
Reichsstr.
Wendenstr.
Wilhelm
Lange Str.
Küchen
Hagen-
Öffentl. Bücherei
Steinweg
A. Schloßgarten
Neue Str.
Kanneng. Str.
Schuhstr.
Stephan-
Langer Hof
Dom
Münzstr.
Damm
Scharrnstr.
Gördelingerstr.
Bohlweg
Georg-Eckert-Str.
Museumstr.
Helmstedter
Ritterstr.
Kuhstr.
Südstr.
Wallstr.
Leopoldstr.
Bruchtorwall
Kalenwall
Mönchstr.
Europa-
Adenauer-
Konrad-
Theaterwall
Falersleber Str.
Schöppenstedter Str.
Mauernstr.
Am Staatstheater
Humboldt
Theodor-Heuss-Str.
Werkstättenweg
Campestr.
Adolfstr.
Leisewitzstr.
Autorstr.
Gertrudenstr.
Friedrichstr.
H.-Büssing-Ring
Platz
Bürger
Bertramstr.
Jasperallee
Husarenstr.
Gerstäckerstr.
Landesgericht
Nordd. Landesbank
Bahnhofs-
Zentrum
Jakobstr.
Oberstr.
Bockstw.
Wiesenstr.
Zeppelinstr.
Kasernenstr.
Heinrich
Haupt-
zollamt

Das historische Braunschweig besteht heute – abgesehen von den restaurierten mittelalterlichen Kirchen – nur noch aus Traditionsinseln. Dennoch ist hier die Erinnerung an Gotthold Ephraim Lessing lebendig geblieben, und sie war zeitweise stärker als an dem Ort, an dem er zehn Jahre wirkte.

Das alte Braunschweig, das Lessing kennenlernte, bewahrte mit seinen prächtigen Kirchen und großen Plätzen eine mittelalterliche Tradition. Es war eine blühende bürgerliche Handelsstadt geworden, die nicht nur zu den jährlichen Messen ihren Wohlstand bekundete. Seit der Mitte des 18. Jahrhunderts war die Stadt Heinrichs des Löwen eine Residenzstadt. Das hatte eine starke Bautätigkeit zur Folge, und so wurde Braunschweig in dem Miteinander mittelalterlicher und moderner Bauten eine schöne Stadt, wie sie ein Zeitgenosse Lessings beschrieb:

»Es gab wieder höfisches Leben in dem fürstlichen Schloß, dem Grauen Hof, das im Altstadtbereich lag. Die Gründung des Collegium Carolinum, einer hohen Schule, die auf das praktische Leben vorbereitete, verfügte von Anfang an, seit 1745, über hervorragende Professoren, die zugleich das literarische Leben des Aufklärungszeitalters entscheidend prägten. Ja, man sprach sogar von der Morgenröte der deutschen Dichtung, die von den Braunschweiger Gelehrten und Dichtern ausging. Herzog Carl I. förderte Wissenschaft und Kultur. Das Theater blühte wie der Buchhandel. Das gesellige Leben mit dem Großen Club als Mittelpunkt bot Anregung und Zerstreuung, denn dort verkehrte die Elite der Stadt, zu der auch viele gebildete Hofbeamten zählten …«

Lessing fand hier die Gesprächspart-

Johann Arnold Ebert.
Kupferstich von G. A. Liebe

Konrad Arnold Schmid.
Ölbild

Karl Christian Gärtner. Kupferstich von J. F. Bause

Friedrich Wilhelm Zachariä. Kupferstich von Schröder

ner und Freunde, die ihm in Wolfenbüttel fast ganz fehlten. Sie waren meistens Lehrer am Collegium Carolinum: Johann Arnold Ebert, der am Hofe geschätzte Dichter; sein Schwiegervater, Konrad Arnold Schmid, der Lessing bei seinen philologischen Arbeiten zur Hand ging; Just Friedrich Wilhelm Zachariä, der ein beliebter Dichter war; Karl Christian Gärtner, ein Schüler Gottscheds; Johann Joachim Eschenburg, der Lessing am nächsten stand; Johann Anton Leisewitz, der Verfasser des Schauspiels *Julius von Tarent*, und als höchste Autorität der Abt Johann Friedrich Wil-

Johann Joachim Eschenburg. Kupferstich von E. Henne

Johann Anton Leisewitz. Kupferstich von C. F. T. Uhlemann

helm Jerusalem. Auch der Kammerherr von Kuntzsch muß als Freund Lessings genannt werden wie der Oberst von Warnstedt, der als Adjutant des Prinzen Leopold Lessings Gefährte auf seiner italienischen Reise war. Und schließlich darf der Name des Erbprinzen nicht unerwähnt bleiben: Carl Wilhelm Ferdinand hatte Lessing nach Braunschweig und Wolfenbüttel berufen. Er schützte den unbequemen Autor in schwierigen Lebenslagen.
Was erinnert heute an diese Glanzzeit literarischen Lebens in Lessings Jahrzehnt? Wo verkehrte der Wolfenbütteler Bibliothekar? Wo finden wir seine Spuren?
Von Wolfenbüttel fahren wir mit dem Auto oder dem Bus (Linie 20) über den Neuen Weg vorbei am Sternhaus durch das Lechlumer Holz. Durch den Ausbau der Straße fahren wir nach dem Gehölz rechts und dann links und kommen nach Stöckheim. Vor uns liegt das Große Weghaus auf der Mitte zwischen Wolfenbüttel und Braunschweig.

❶ Das Große Weghaus

Das 1691 erbaute Gasthaus war der Treffpunkt, an dem Lessing mit seinen Braunschweiger Freunden in den ersten Jahren immer wieder zusammenkam. Hier aß und trank man, spielte Schach oder Whist und diskutierte miteinander. Der fröhlichste unter den Braunschweiger Professoren war der Dichter Just Friedrich Wilhelm Zachariä (1726–1777), Verfasser des damals bekannten Studentenepos *Der*

Das Große Weghaus in Stöckheim. Lithographie

Renommist und auch einer anschaulichen Schilderung der Bibliotheca Augusta in Hexametern.

Wir fahren nun weiter und kommen über Melverode wieder auf die große Autostraße, die vom Süden nach Braunschweig hineinführt. Vorbei an dem Schlößchen Richmond, das von zwei Kavaliershäusern flankiert ist, fahren wir die Wolfenbütteler Straße entlang bis zum J. F. Kennedyplatz, dem früheren Augustplatz. Wir haben die Okerbrücke überquert. Hier stand früher das Augusttor, durch das Lessing mit der Kutsche fuhr, wenn er nach Braunschweig reiste. Wir halten uns links, kommen zum Lessingplatz, parken in der Nähe oder steigen am Alten Bahnhof aus dem Bus, denn an Lessings Denkmal wollen wir unseren Rundgang auf Lessings Spuren beginnen.

❷ Das Lessing-Denkmal

Das 19. Jahrhundert setzte seinen großen Persönlichkeiten in Deutschland bronzene Standbilder: zum Beispiel Martin Luther in Wittenberg (1819), August Hermann Francke in Halle (1829), Justus Möser in Osnabrück (1836), Friedrich Schiller in Stuttgart (1839), Johann Wolfgang von Goethe in Frankfurt (1844), Johann Gottfried Herder in Weimar (1850). Ehe der Bildhauer Ernst Rietschel den Auftrag erhielt, auf dem Theaterplatz in Weimar das Doppelstandbild für Goethe und Schiller zu schaffen, das 1857 enthüllt wurde, entstand sein Lessing-Denkmal in Braunschweig, das am 29. September 1853 eingeweiht wurde: Auf hohem Podest steht in ganzer Gestalt die Figur des Dichters, für die der Bildhauer Vorstudien mit Hilfe des Braunschweiger Schriftstellers Carl Schiller angefertigt hatte. Zu diesem Zweck hat dieser Amalie Henneberg, Lessings Stieftochter, befragt, und so haben wir ihm ihre Erinnerungen zu verdanken.

»Dem großen Denker und Dichter. Das deutsche Vaterland« liest man auf der rückwärtigen Tafel. Die Reliefs an beiden Seiten versinnbildlichen Poesie und Kritik. Das Werk wurde begeistert aufgenommen.

Wir gehen nun »Hinter Ägidien« entlang, vorbei an dem im 19. Jahrhundert hierher versetzten Paulinerchor, den heutigen Ausstellungsräumen des Braunschweigischen Landesmuseums, und der St. Ägidienkirche, und kommen zur sehr befahrenen Auguststraße, die in den Bohlweg übergeht. Rechter Hand stand früher das Rathaus des Stadtteils Alte Wiek und später die 1754 gebaute Neue Schenke.

❸ Lessings Sterbehaus

In seinen letzten Lebensjahren wohnte Lessing in diesem Gasthaus am Ägidienmarkt vor der Ägidienkirche, das damals der Weinhändler Johann Hermann Angott (1721–1800) bewirtschaftete. Es lag bequem für ihn in der Nähe des Augusttors und unmittelbar neben dem Gebäude der Braunschweigischen Lotterie, die zwischen 1771 und 1787 betrieben wurde und bei der ja auch Lessing immer wieder sein Glück versuchte.

Schwerkrank war der Dichter Ende

Das Angottsche Haus an der Ägidienkirche

Januar 1781 nach Braunschweig gekommen. Umsorgt von seinem Wirt, seinem Arzt und seinen Freunden, starb Lessing in Angotts Haus am 15. Februar 1781 abends zwischen acht und neun Uhr im 53. Lebensjahr. Malchen König, die aus Wolfenbüttel herbeigerufen worden war, hat den Tag nie vergessen. Carl Schiller hat die Erinnerung an die Stunden überliefert:
»Der fünfzehnte Februar ließ noch einmal einen schwachen Strahl der Hoffnung aufleuchten, indem sich gerade an diesem Tage der Kranke bedeutend erleichtert fühlte und heiter an seinem Schmerzenslager die Gesichter theilnehmender Freunde annahm. Ja mitunter scherzte er sogar mit dem Hofmedicus Brückmann, mit Angott und Daveson. Aber dieses Lebensfeuer war nur das letzte Aufflackern eines erlöschenden Lichtes. Am Abend dieses verhängnißvollen Tages saß nun die bekümmerte Tochter vor der Schwelle des Krankenzimmers, um vor des geliebten Vaters Auge die Thränen zu verbergen, durch welche sie nur ihrem angstgepreßten Herzen Luft zu schaffen vermochte. Man hatte dem Kranken gemeldet, daß im Vorzimmer Freunde zum Besuch seien. Da öffnete sich die Thür, und Lessing tritt herein, ein Bild des herzzerschneidendsten Anblicks! Das edle Antlitz schon durch hippokratische Züge markirt und vom kalten Todesschweiße überdeckt, leuchtet von himmlischer Verklärung. Stumm, und unter einem unaussprechlich seelenvollen Blicke, drückt er seiner Tochter Hand. Darauf neigt er sich freundlich gegen die übrigen Anwesenden, und mit so entsetzlicher Anstrengung es auch geschieht, nimmt er ehrerbietig seine Mütze vom Haupte. Aber die Füße versagen den Dienst; er

Die Goldene Rose und der Goldene Stern

wird zum Lager zurückgeführt, und sein Schlagfluß endet, auch den ängstlichsten Besorgnissen noch überraschend, das theure Leben!«
Lessings Sterbehaus wurde bei den verheerenden Bombenangriffen in der Nacht vom 13. auf den 14. Oktober 1944 zerstört. Zur Erinnerung an den historischen Ort wurde hier 1979 ein anderes Haus, nämlich das des Dichters Johann Anton Leisewitz wieder aufgebaut, das dem Bau eines Parkhauses hatte weichen müssen. Der Landschaftssekretär, der sich um die Reform des Armenwesens in Braunschweig verdient gemacht und es später zum Präsidenten des Obersanitätskollegiums gebracht hat, bewohnte das Haus an der Wallstraße 8 von 1787 bis 1806. Lessing, der in seinen letzten Lebensjahren oft mit dem von ihm geschätzten Schauspieldichter zusammenkam, hat also das heute wieder aufgebaute Haus nicht gekannt.
Wir gehen nun nach links durch die Ägidienstraße über einen Parkplatz zur Straße Hinter Liebfrauen. Hier steht noch ein Teil des Großen Waisenhauses.

❹ Die Buchhandlung des Waisenhauses

Von dem Komplex des Großen Waisenhauses ist nur noch ein Rest erhalten geblieben. Herzog Carl I. hatte 1751 die Buchdruckerei und Buchhandlung des Waisenhauses errichten lassen, in der die seit 1744 erscheinenden *Braunschweigischen Anzeigen* mit ihren gelehrten Beilagen verlegt wurden, die zeitweise Friedrich Wilhelm Zachariä redigierte. Die Buchhandlung des Waisenhauses – Verlag und Sortiment – war im 18. Jahrhundert ein wichtiger Umschlagplatz literarischen Lebens. Auch Lessing hatte mit der Buchhandlung zu tun, denn hier erschienen seit 1770 seine bibliothekarischen Schriften, und auch die Hefte des *Anti-Goeze* wurden von dem Faktor Gebler an diesem Ort betreut.

Wir gehen durch die Kattreppeln und die Hutfiltern zum Kohlmarkt. Auch dieser Platz ist nur teilweise unbeschädigt über den Krieg gekommen.

❺ Die Gasthöfe Zur Goldenen Rose und Zum Goldenen Stern Kohlmarkt 1 und 2

An der rechten Ecke des Platzes ist das Haus erhalten, in dem sich über Lessings Zeit hinaus das Gasthaus Zur Goldenen Rose befand. Es ist noch heute an diesem Zeichen erkennbar. Der benachbarte einst siebenstöckige Gasthof Zum Goldenen Stern mußte schon 1894 einem heute noch erhaltenen Neubau weichen, der nicht nur durch den goldenen Stern an der Hausfront an den früheren Zweck erinnert.

In den ersten Wolfenbütteler Jahren wohnte Lessing, wenn er nach Braunschweig kam, im Goldenen Stern, der zur Messezeit ruhiger war als die kleinere Goldene Rose, die zugleich ein beliebtes Kaffeehaus war. In der Rose hatte Eva König im August 1770 übernachtet, als sie ihre erste Reise nach Wien antrat und Lessing in Braunschweig traf. Im Frühjahr des nächsten Jahres warnte Lessing seine Braut: »In der Rose müssen Sie da nicht wieder logieren, sondern gleich daneben im Sterne. Das ist jetzt mein Absteigequartier, und Zimmer und alles ist da besser.«

Wir wenden uns nach links und gehen an dem alten Brunnen vorbei durch den Ziegenmarkt – links liegt das hübsche Gebäude des Museums, eines früheren Leseinstituts, aus dem 19. Jahrhundert – über den Bankplatz in die Steinstraße.

❻ Das Wohnhaus des Abts Jerusalem Steinstraße 3

Eingeklemmt zwischen abweisenden Neubauten ist das Wohnhaus von Johann Friedrich Wilhelm Jerusalem (1709–1789), dem Theologen, Hofprediger und Gründer des Collegium Carolinum, stehen geblieben. Lessing verkehrte oft in dem gastfreundlichen Hause der Familie Jerusalem. Die beiden Männer schätzten einander, wenngleich Jerusalem Lessing 1778 »recht gram« war, »nach aller aufrichtigen Hochachtung und Freundschaft«. Den Fragmentenstreit mit Goeze konnte der Theologe nicht gutheißen. Doch mit seiner Schrift *Über die teutsche Sprache und Literatur*, in der er diese gegen Friedrich den Großen verteidigte, zeigte sich Jerusalem als freundschaftlich gesinnter Mitstreiter Lessings für die deutsche Dichtung. Als Jerusalem 1789 starb, wurde er in der Klosterkirche Riddagshausen beigesetzt. Dort befindet sich noch heute das klassizistische Denkmal, das die verwitwete Herzogin Philippine Charlotte dem geistlichen Freund hatte errichten lassen. Die Inschrift, deren Text sie selbst verfaßt haben soll, bringt die Bedeutung Jerusalems aufs schönste zum Ausdruck:

»Er war
Ein christlicher Philosoph
Ein einsichtsvoller Lehrer
Vernuenftiger Gottesverehrung
Der den jetztregierenden Herzog und seine Geschwister
Unterrichtete
Geschickte Gottesgelehrte bildete
Und einen meisterhaften Erziehungs-Entwurf
Ersann und ausfuehrte.

Zur Aufklaerung
Legte er den ersten Grund
Und durch seine Talente und Rechtschaffenheit
Erwarb er sich allgemeine Verehrung.
Seine Verdienste
Werden unvergeßlich bleiben
Sein Andenken wird nie verloeschen
Und besonders
Mir seiner Freundin
Bestaendig werth und schaetzbar bleiben.«

Wir gehen rechts über den Eiermarkt und kommen vorbei an vorzüglich restaurierten öffentlichen Gebäuden: der ehemaligen Herzoglichen Kammer, der Martinikirche, dem Gewandhaus und dem Altstadtrathaus. So erreichen wir die Breite Straße.

Johann Friedrich Wilhelm Jerusalem. Kupferstich nach einem Ölbild von R. de Gasc

❼ Das ehemalige Hotel d'Angleterre Breite Straße 18

Das Haus wurde seit 1778 von Röttger Heinrich Rönckendorff (1734 bis 1818) bewirtschaftet, der dort auch ein beliebtes Weinlokal unterhielt, wo Lessing und seine Freunde oft verkehrten. Ein Zeitgenosse erzählt: »Lessing wohnte bekanntlich in Wolfenbüttel; kam er nun nach Braunschweig, so ging er wohl Abends auf diesen berühmten Weinkeller, und Freunde und Bekannte fanden sich dann gleichfalls ein. Man war heiter und trank Champagner. Es war Sitte auf diesem Keller, daß, wenn eine Gesellschaft elf Flaschen Champagner getrunken hatte, sie die zwölfte umsonst erhielt. Da wußte denn Lessing den großen Gewinn, den die Trinker dadurch machten, so bündig zu de-

monstriren, daß diese Flasche selten ungetrunken blieb.«
Im Frühjahr 1780 beschlossen hier die Freunde die Gründung des »Großen Clubs«, der als gesellschaftlicher Mittelpunkt Braunschweigs über lange Zeit eine entscheidende Rolle in der Residenzstadt spielte. So blieb das Hotel d'Angleterre eine berühmte Adresse.
Am Ende der Breiten Straße biegen wir an der Petrikirche nach rechts, kommen an der Kirche Hinter den Brüdern vorbei, gehen an Schild und Sack entlang, halten uns dann nach links und gelangen zum Burgplatz, der schönsten Traditionsinsel der Stadt, mit Dom und Burg Dankwarderode, mit dem Löwendenkmal und dem Vieweghaus, das das sehenswerte Braunschweigische Landesmuseum beherbergt. Über den Ruhfäutchenplatz und durch die Casparistraße kommen wir zum Hagenmarkt.

Das Rönckendorffsche Haus. Zeitgenössisches Reklameblatt

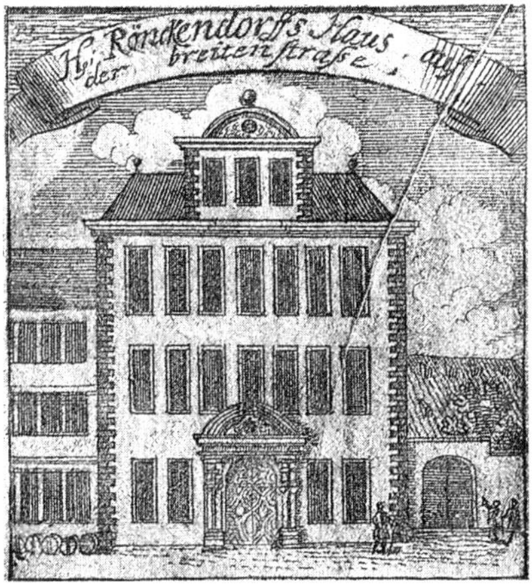

❽ Das abgerissene Opernhaus am Hagenmarkt

Auf dem freien Platz mit dem Löwenbrunnen stand gegenüber der prächtigen Katharinenkirche, die als einziges Bauwerk des Ensembles erhalten geblieben ist, bis 1864 das herzogliche Opernhaus, das sogenannte Hagenmarkttheater, das Herzog Anton Ulrich 1690 errichten ließ und das im 18. Jahrhundert mit hervorragenden Kapellmeistern, Musikern und Bühnenbildnern glänzende Opernaufführungen erlebte. Hier wirkten bedeutende Komponisten wie Johann Adolf Hasse und Carl Heinrich Graun. Friedrich Christian Bressand war ein beliebter Theaterdichter, und die Bühnenbilder von Johann Oswald Harms erregten Aufsehen. Diese glorreichen Zeiten aber lagen zurück, als Lessing nach Wolfenbüttel kam. Doch die Uraufführung seines Trauerspiels *Emilia Galotti* am 13. März 1772 anläßlich des Geburtstages der Herzogin Philippine Charlotte machte den Ort noch einmal denkwürdig: Lessing war dem Theaterabend jedoch wegen angeblicher Unpäßlichkeit fern geblieben. Der Verfasser der *Hamburgischen Dramaturgie*, der das Hamburger Theater reformiert hatte, zeigte als Wolfenbütteler Bibliothekar merkwürdigerweise kein Interesse am Theaterleben Braunschweigs.
Am Hagenmarktbrunnen biegen wir nach rechts und gehen über den Bohlweg. Hier befand sich nahe dem Opernhaus ein anderes historisches Gebäude.

Das abgebrochene Opernhaus

❾ Das abgerissene Gebäude des Collegium Carolinum

Für die Ausbildung seiner Landeskinder zu praktischen Beamten des Herzogtums gründete Herzog Carl I. nach Planungen seines engsten Beraters J. F. W. Jerusalem 1745 das Collegium Carolinum, die Keimzelle der heutigen Technischen Universität Braunschweig. Es wurde durch die Berufung tüchtiger Schüler Gottscheds, der sogenannten Bremer Beiträger, ein Zentrum literarischen Lebens in Norddeutschland. Diesen Professoren, die später Lessings Braunschweiger Freunde wurden, gebührt das Verdienst, die englische Literatur in Deutschland durch Übersetzungen der Werke von Milton, Addison, Pope und Young, schließlich von Shakespeare und auch die englische Aufklärungstheologie bekannt gemacht zu haben. Englische Kultur wurde im 18. Jahrhundert in Braunschweig gepflegt, und so überrascht es kaum, daß viele junge Engländer am Carolinum studierten. Für Lessing waren diese Professoren, vor allem J. A. Ebert, K. A. Schmid, K. C. Gärtner, J. F. W. Zachariä, J. J. Eschenburg, nicht nur unterhaltende Freunde, sondern auch anregende Gesprächspartner.

Wir gehen den Bohlweg entlang, an dem Gebäude des Regierungspräsidiums und am Rathaus vorbei, bis zur nächsten Abzweigung. Links von uns liegt ein Parkgelände.

Das Schloß. Lithographie, vor 1830

⑩ Das abgerissene Schloß

Die Braunschweiger Bürger haben es im späten Mittelalter verstanden, die Herzöge zu Braunschweig und Lüneburg aus ihrer Stadt zu vertreiben, so daß diese seit 1432 ihre Burg in Wolfenbüttel als ständigen Wohnsitz nehmen mußten. 1671 eroberte Herzog Rudolf August zwar die Hauptstadt zurück, aber erst hundert Jahre später bezog Herzog Carl I. den Grauen Hof, das dreiflügelige Schloßgebäude innerhalb der Stadtmauern.

Lessing vermied es im allgemeinen, zu Hofe zu gehen, wie man es wohl von ihm erwartet hatte. Erst in seinen letzten Lebensjahren fand sich der Wolfenbütteler Hofrat hin und wieder in der Residenz ein, in der der Erbprinz Carl Wilhelm Ferdinand schon vor dem Tod seines Vaters die Regierungsgeschäfte wahrnahm. Durch die Unerbittlichkeit, mit der Lessing seine Polemik gegen den orthodoxen Hauptpastor Goeze fortführte, setzte er den Hof in nicht geringe Verlegenheit. Dennoch hat Carl Wilhelm Ferdinand letztlich bis zum Tode des schwierigen, geradlinigen Schriftstellers zu diesem gehalten.

Während der Revolution von 1830 ging das Schloß in Flammen auf. Der Neubau wurde 1831–1838 von Herzog Wilhelm an der gleichen Stelle errichtet und in der Bombennacht 1944 schwer in Mitleidenschaft gezogen. Daß man das Schloß aber 1960 endgültig abriß, muß heute als Fehlentscheidung gesehen werden. Die einst so stolze Stadt hatte damit eines ihrer wichtigsten historischen Zeugnisse verloren.

Der Erbprinz Carl Wilhelm Ferdinand. Kupferstich nach J. G. Ziesenis

Wir gehen durch die Parkanlagen, überqueren die Georg Eckert-Straße und kommen so in das Magniviertel, den einzigen vom Bombenhagel nicht zerstörten Stadtteil mit der beherrschenden Magnikirche, den kleinen Fachwerkhäusern und den engen Straßen. Vom Ackerhof gehen wir weiter durch den Oelschlägern zum Städtischen Museum mit seinen sehenswerten Ausstellungen zur Stadtgeschichte. Gleich daneben befinden sich Stadtbibliothek und Stadtarchiv, ebenfalls Quellensammlungen zur Braunschweigischen Stadtgeschichte. Über den Löwenwall gehen wir durch die Anlagen, vorbei an dem Obelisken, und kommen schließlich zur belebten Kurt-Schumacher-Straße. Hier stehen zwei Reiterdenkmäler.

⓫ Die Reiterdenkmäler für die Herzöge Carl Wilhelm Ferdinand und Friedrich Wilhelm zu Braunschweig

Die beiden Reiterstandbilder, die früher vor dem zerstörten Schloß standen, erinnern an die Zeiten, die Lessing nicht mehr miterlebt hat. Carl Wilhelm Ferdinands Sohn Friedrich Wilhelm, der spätere »Schwarze Herzog«, wurde 1771 in Braunschweig geboren. Der als Held verehrte Fürst, der 1806 nach dem Tod seines Vaters sein Erbe wegen der Besetzung seines Landes durch die Franzosen nicht antreten konnte, hatte mit seiner eigenen Truppe 1809 vergeblich versucht, diesen entgegenzutreten. Er ging nach England, kehrte 1813 zurück, fiel aber 1815 im Kampf gegen Napoleon.

Wir unternehmen nun noch einen Abstecher zum Magnifriedhof. Dazu biegen wir von der Kurt-Schumacher-Straße nach links in die Ottmerstraße und stehen vor dem Eingang des alten Friedhofs.

⓬ Das Grab Lessings

Auf dem Friedhof, auf dem im 18. und 19. Jahrhundert viele prominente Bürger begraben wurden, fand Lessing seine letzte Ruhestätte. Hier wurde er am 20. Februar 1781 beigesetzt. »Sein Begräbniß ist vom Herzog recht anständig besorgt worden. Er liegt auf dem Magni-Kirchhoff neben einer Tanne, welcher man noch einige

Lessings Grab. Aquarell von O. Schulz, um 1900

GOTTH. EPHR
LESSING.

zugesellen wird. Der Herzog wird ihm auch ein Monument setzen lassen. Das Postament soll von Blankenburg kommen und darüber eine Urne von weißem Marmor gesetzt werden. Der Medailleur Krull hat seinen Kopf in Gips gegossen und wird ihn noch prägen.« So wußte es Friedrich Heinrich Jacobis Schwester zu berichten. Doch es kam anders. Erst der Privatgelehrte Carl Schiller (1807–1879) entdeckte das Grab wieder und sorgte für ein schlichtes Grabmal. Er selbst wurde später ganz in der Nähe begraben, wie sein erhaltener Grabstein zeigt.

Wir verlassen den Friedhof in der Richtung, aus der wir gekommen sind. Wir überqueren den Kennedyplatz und kommen zum Lessingplatz zurück, wo wir unseren Rundgang auf Lessings Spuren begonnen haben.

Verfügt man noch über Zeit, so sei eine Fahrt nach Riddagshausen empfohlen, dem ehemaligen Zisterzienserkloster, dessen Abt zu Lessings Zeiten Johann Friedrich Wilhelm Jerusalem war. Sein Grab in der Klosterkirche ist, wie erwähnt, sehenswert.

Rechts:
Das Gleimhaus

Besuch im Gleimhaus Halberstadt
Ein zweiter Ausflug

Hat man Spaziergänge durch Lessings Wolfenbüttel gemacht und ist seinen Spuren im benachbarten Braunschweig gefolgt, sollte man nicht versäumen, Johann Wilhelm Ludwig Gleims einladendes Haus zu besichtigen und auch dort Lessings zu gedenken. Seit dem 19. Jahrhundert ist es öffentlich zugänglich, ein anregendes Dichterhaus mit Gleims Möbeln, Büchern, Erinnerungsstücken und einer einzigartigen Bildergalerie.

Auch Halberstadt ist ein Opfer der letzten Monate des Zweiten Weltkrieges geworden: Nur ein kleiner Teil der Altstadt ist erhalten geblieben. Der berühmte Dom und die benachbarte Liebfrauenkirche sind Perlen romanischer Baukunst: Sie blieben unzerstört. Über Jahrhunderte hin waren Angehörige des Braunschweigischen Hauses, wenngleich lutherisch, Bischöfe von Halberstadt. Der bekannteste war Herzog Christian d. J. von Braunschweig und Lüneburg (1599 bis 1626), der »tolle Halberstädter«, der sich als beliebter Söldnerführer im Dreißigjährigen Krieg auszeichnete und früh starb.

Dem Dom benachbart steht das Fachwerkhaus, in dem der Dichter Johann Wilhelm Ludwig Gleim (1719–1803) lebte. Lessings langjähriger Freund aus Berliner Zeiten war hier seit 1747 Sekretär des Domkapitels und Kanonikus des Stiftes Walbeck. Der Dritte in dem frühen Berliner Freundschaftsbunde war der 1759 in der Schlacht bei Kunersdorf tödlich verwundete Christian Ewald von Kleist gewesen. Gleim, Dichter anakreontischer Verse und Verfasser der damals berühmten

Johann Wilhelm Ludwig Gleim. Stich nach H. Ramberg

Preußischen Kriegslieder, war ein anerkannter Schriftsteller der Aufklärungszeit in Deutschland. Aber er war weit mehr: ein Genie der Freundschaft, ein gastfreier und liebenswerter Hausherr, der mit allen interessanten Persönlichkeiten der Zeit, meist Literaten, in freundschaftlicher Beziehung stand. Sie alle besuchten »Vater Gleim«, der, unverheiratet, von einer ebenso liebenswerten Nichte umsorgt wurde. Sie korrespondierten mit ihm, und Gleim stiftete neue Freundschaften über seine Freunde. Ihre Werke stehen in seiner erhaltenen Bibliothek, und die überlieferte Korrespondenz umfaßt Tausende von Briefen.

In seinem geräumigen Hause hatte Gleim immer Platz für Gäste, die er nach Halberstadt einlud oder die auf ihren Reisen bei ihm Station machten.

Nur eines erbat sich der Hausherr: das Porträt des Freundes in einer bestimmten Größe. Er hängte alle diese Porträts in seinem Wohnzimmer auf, und nach und nach entstanden Bilderwände, die sich zu einem in Deutschland einzigartigen Freundschaftstempel zusammenfügten. Diese Bildergalerie, ein wundervolles Zeugnis freundschaftlichen Umgangs im 18. Jahrhundert, ist zum Mittelpunkt des Hauses geworden.

Ein paar Namen der 120 Persönlichkeiten, die mit ihren Porträts im Gleimhaus verewigt sind, seien hier genannt: Christian Fürchtegott Gellert, Johann Jakob Bodmer, Friedrich Gottlieb Klopstock, Karl Wilhelm Ramler, Justus Möser, Anna Luise Karschin, Salomon Geßner, Johann Gottfried Herder, Gottfried August Bürger, Friedrich Nicolai, Wilhelm Heinse, Friedrich Heinrich Jacobi, Elisa von der Recke, Jean Paul. Auch die Braunschweiger Literaten sind vertreten: Konrad Arnold Schmid, Karl Christian Gärtner, Just Friedrich Wilhelm Zachariä, Johann Joachim Eschenburg.

In dieser literarischen Ahnengalerie fehlt auch nicht das Bildnis Lessings. Er war 1770 gewissermaßen ein Nachbar Gleims geworden. Dieser nahm regen Anteil am Leben seines Freundes in Wolfenbüttel. Man schrieb einander Briefe, sandte Freunde herüber und hinüber, doch nur einmal, 1780, reiste Lessing nach Halberstadt. Um so häufiger kam Gleim nach Wolfenbüttel und Braunschweig, ein Mann, der immer Zeit hatte, unbeschwert plaudern konnte, mitunter seinen Freunden durch so viel Zeit, die er mitbrachte, auf die Nerven fallen konnte, aber immer der liebenswürdige Alte aus Halberstadt war und blieb. Kurz vor Lessings Hochzeit kam Gleim nach Braunschweig und traf dort den mit den Vorbereitungen innerlich und äußerlich beschäftigten Freund: »Ein unvermuteter Besuch von Gleim aus Halberstadt hat mich um drei volle Tage gebracht, in welchen ich doch auch gar nichts in unserer Sache habe tun können. Daß mir der Mann doch immer so ungelegen kommen muß! Sie erinnern sich, als Sie mit Ihrem Herrn Bruder in Braunschweig waren, kam er mir ebenso unerwartet über den Hals. Damals hatte er einen Maler mit, und diesesmal hatte er gar seine Nichte bei sich«, berichtete er seiner Braut Eva König am 17. September 1776.

Dennoch blieben Lessings freundschaftliche Gefühle für den anhänglichen Gleim bis zu seinem Tode ungetrübt. Das Entsetzen Gleims über den Tod seines Freundes war groß: »Sie wissen, mein Theurer, wie sehr ich ihn liebte, den Forscher der Wahrheit, dem's Pflicht schien, die Lehrer unter den Christen aus ihrem Schlafe zu wecken, zur Verteidigung dessen, was sie lehren, und ins Licht zu setzen, was in Finsterniß von ihnen gesetzt war«, schrieb er an Eschenburg am 28. Februar 1781 und verfaßte folgendes Sinngedicht:

»Auf Lessings Grab
Steh, Wanderer, und sprich ein kluges Wort mit dir:
Nathan, der Weise, ruhet hier!«

Quellen und Zitatnachweise

Adreßbuch der Stadt Wolfenbüttel 1836, 1843, 1863, 1881ff.

Améry, Jean: Lessingscher Geist und die Welt von heute. Rede zur Eröffnung des Wolfenbutteler Lessinghauses am 15. April 1978. Wolfenbüttel 1978. (Wolfenbütteler Hefte. 6.) *S. 18*

Berg, Irene: »Touristen« in Wolfenbüttel. Aus zeitgenössischen Berichten über unsere Stadt. In: Beiträge zur Geschichte der Stadt Wolfenbüttel. Wolfenbüttel 1970. S. 93–114. *S. 12 ff., 66*

Beste, Conrad: [Über Wolfenbüttel] In: Meyer-Rotermund a.a.O. *S. 14 f.*

Boie, Heinrich Christian: Briefe an Friedrich Nicolai. 30. 5. 1778. In: Daunicht a.a.O. S. 447. *S. 58*

Breymann, Henriette: Die Grundzüge der Ideen Friedrich Fröbels angewendet auf Kinderstube und Kindergarten. Braunschweig 1872. *S. 136*

Bruno, Giordano: Trostrede beim Begräbnis des Herzogs Julius von Braunschweig-Wolfenbüttel. In: Rudolf Landseck, Bruno der Märtyrer der neuen Weltanschauung. Leipzig 1890. *S. 74 f.*

Bülow, Gottfried Philipp von: Rückblicke auf mein Leben. Helmstedt 1844. *S. 100 f.*

Büsch, Johann Georg: Versuch einer Mathematik zum Nutzen und Vergnügen des bürgerlichen Lebens. Th. 3. Hamburg 1793. *S. 30 f.*

Busch, Wilhelm: Sämtliche Briefe. Kommentierte Ausgabe. Hg. von Friedrich Bohne. Bd. 1–2. Hannover 1968. *S. 139, 140*

Casanova, Giacomo: Erinnerungen. Übertr. von Heinrich Conrad. Bd. 5. München 1911. S. 501. *S. 12*

Daunicht, Richard: Lessing im Gespräch. Berichte und Urteile von Freunden und Zeitgenossen. München 1971. *passim*

Daveson, Alexander: Beiträge zur Charakteristik Lessings. In: Daunicht a.a.O. S. 480-482. *S. 60*

Döring, Johann von: Briefe an L. F. G. von Göckingh. Hss. Deutsches Literaturarchiv Marbach. *S. 133 f.*

Dressel, Minna: Nachruf auf Anna Vorwerk. In: Blätter aus dem Schlosse. Nr. 53. Wolfenbüttel 1900. S. 1377–1384. *S. 72*

Ebert, Friedrich Adolf: Briefe. In: Richard Bürger, Friedrich Adolf Ebert. Leipzig 1910. *S. 12, 67*

Eelking, Max von: Leben und Wirken des Herzogl. Braunschweig'schen General-Lieutenants Friedrich Adolph Riedesel Frh. von Eisenach. Bd. 2. Leipzig 1856, S. 14. *S. 24 f.*

Eyferth, Paul: Erzähltes und Erlebtes aus Wolfenbüttel in den letzten hundert Jahren. Wolfenbüttel 1955. *S. 37*

Friedrich II. von Preußen an seine Schwester. Zitiert nach Friedrich Thöhne, Wolfenbüttel. Geist und Glanz einer alten Residenz. München 1963. S. 142. *S. 95*

Gleim, Johann Wilhelm Ludwig: Sinngedicht. In: Gleim, Werke Bd. 5, Halberstadt 1812, S. 18. *S. 165*

Gleim, Johann Wilhelm Ludwig an J. J. Eschenburg. 28. 2. 1781. In: Daunicht a.a.O. S. 570 *S. 165*

Glümer, Claire von: Aus einem Flüchtlingsleben (1833–1839). Die Geschichte meiner Kindheit. 2. Aufl. Dresden und Leipzig 1904. *S. 46*

Glümer, Claire von: Vor sechzig Jahren. Erinnerungs-Bilder. In: Illustrirte Frauen-Zeitung 29 (1902), H. 17, Sp. 135–137; H. 18, S. 139–142. *S. 100 f., 114*

Goethe, Johann Wolfgang von: Werke. Hg. im Auftr. der Großherzogin Sophie. Abt. I-IV. 143 Bde. Weimar 1887–1919. – Reprint. 146 Bde. München 1987–1990. *S. 126*

Grimm, Ferdinand Philipp: Der unbekannte Bruder Grimm. Deutsche Sagen. Aus dem Nachlaß hg. von Gerd Hoffmann und Heinz Rölleke. Düsseldorf 1979. *S. 142*

Grimm, Ferdinand Philipp: Briefe. In: Die Brüder Grimm. Dokumente ihres Lebens und Wirkens. Hg. von Dieter Hennig und Bernhard Lauer. Kassel 1985. S. 206 f. *S. 113, 142*

Henneberg, Amalie geb. König siehe Schiller, Carl G. W.

Herder, Johann Gottfried: Lessings Tod. In: Herder, Sämtliche Werke. Hg. von Bernhard Suphan. Bd. 15. Berlin 1888. S. 33 ff. *S. 7 f.*

Hildebrandt, Dieter: Lessing. Biographie einer Emanzipation. München 1979. *S. 145*

Hoffmann von Fallersleben, August Heinrich: Mein Leben. Aufzeichnungen und Erinnerungen. Bd. 1. Hannover 1868. S. 83 ff. *S. 108*

Horn, Franz: Erinnerungen an Lessing und ihn betreffende Sagen. In: Daunicht a.a.O. S. 598–607. *S. 130 f.*

Huch, Rudolf: Aus dem Tagebuch eines Höhlenmolches. Leipzig 1896. *S. 83*

Huch, Rudolf: Aus dem engen Leben. Erinnerungen. Leipzig 1924. *S. 114*

Huch, Rudolf: Mein Leben. Berlin 1935. *S. 21 f.*

Jacobi, Helene Elisabeth: Brief an Sophie von La Roche, 9. 3. 1781. In: Daunicht a.a.O. S. 568. *S. 160* u. *162*

Jacobi, Johann Georg: Holzschnitt zu einem Reise-Journal. In: Daunicht a.a.O. S. 473 f. *S. 133*

Jeep, Friedrich: Raabe-Nester in Wolfenbüttel. In: Wilhelm Raabe-Kalender 1913. S. 84–92. *S. 44*
Kelsch, Wolfgang: Wolfenbüttel 1592–1992. Vierhundert Jahre Theater in einer fürstlichen Residenz. Wolfenbüttel 1992. *S. 37*
Kirchheimer, Siegfried: Brief an Elisabeth Schütze. Privatbesitz. *S. 80 f.*
Knigge, Adolph Frh.: Anzeige [Lessings Monument.] In: Knigge, Sämtliche Werke. Hg. von Paul Raabe. Bd. 18. München 1992. S. 421 f. *S. 94*
Köpke, Rudolf: Ludwig Tieck. Erinnerungen aus dem Leben des Dichters. Th. 1. Leipzig 1855. S: 182 f. *S. 61*
Kotzebue, Anton Ludwig Friedrich: Brief an E. Th. Langer. In: Mechthild Raabe, Leser und Lektüre im 18. Jahrhundert. Bd. 1. München 1989. S. LXXXIII. *S. 129*
Kuckhoff, Adam: Lessing und Wolfenbüttel. In: Frankfurter Zeitung. 8. 7. 1924. *S. 40*
Kuckhoff, Adam: Der Mann im Winkel. In: Frankfurter Zeitung. 7. 1. 1928. – Wiederabgedr. in Kuckhoff, Eine Auswahl von Erzählungen, Gedichten, Briefen, Glossen und Aufsätzen. Hg. von Gerald Wiemers. Berlin 1970. S. 263–265. *S. 40 f.*
Leisewitz, Johann Anton: Tagebücher. Nach den Hss. hg. von Heinrich Mack und Johannes Lochner. Bd. 1–2. Weimar 1916–20. *S. 58*
Lessing, Gotthold Ephraim: Sämtliche Schriften. Hg. von Karl Lachmann. 3. Aufl. bes. von Franz Muncker. Bd. 1–23. Leipzig 1886–1924. – Bd. 17–21. Briefe von und an Lessing. In 5 Bdn. 1904–1907. *passim*
Meine liebste Madam. Gotthold Ephraim Lessings Briefwechsel mit Eva König 1770–1776. Hg. von Günther und Ursula Schulz. München 1979. *passim*
Lichtwark, Alfred: Briefe an die Kommission für die Verwaltung der Kunsthalle. Hg. von Gustav Pauli. Bd. 1–2. Hamburg 1924. *S. 13 f.*
Matthisson, Friedrich: Erinnerungen. Bd. 1. Zürich 1810. S. 347. *S. 66*
Meyer-Rotermund, Kurt: Liebe kleine Herzogstadt. Ein Führer durch die Stadt Wolfenbüttel und ihre Umgebung. Wolfenbüttel 1934. *S. 14*
Münter, Friedrich: Aus den Tagebüchern. Hg. von Ö. Andreasen. T. 1. 1775–1785. Kopenhagen 1937. *S. 106*
N.N.: Lessing, die neue Bibel und der Teufel. In: Wolfenbütteler Kreisblatt. 1906, Nr. 109. *S. 115 f.*
Niedmann, Carl Christian Friedrich: Krähwinkel wie es ist. Ein Sittengemälde. Wolfenbüttel 1828. S. 160 ff.: Clauren-Manie in Krähwinkel. *S. 109*
Raabe, Wilhelm: Briefe. Göttingen 1975. (Sämtliche Werke. Hg. von Karl Hoppe. Ergänzungsbd 2.) *S. 39, 42 f., 104 f.*
Recke, Elisa von der: Tagebücher und Selbstzeugnisse. Hg. von Christine Träger. München 1984. *S. 28, 67*
Rhode, Johann Gottlieb: Tagebuch. In: Daunicht a.a.O. S. 494. *S. 149, 156*
Riedesel, Friedrich Adolph Frh. siehe Eelking, Max von
Schiller, Carl Georg Wilhelm: Über G. E. Lessings Persönlichkeit [Nach Mitteilungen von Amalie Henneberg geb. König] In: Archiv für das Studium der neueren Sprachen und Literaturen Jg. 2 (1847), Bd. 3, S. 318–327. – Wiederabgedr. in: Daunicht a.a.O. S. 608–617. *S. 50, 53 f., 153 f.*
Seyler, Abel: siehe Daunicht a.a.O. S. 435 f. *S. 118 f.*
Spittler, Ludwig Timotheus: [Biographische Notiz.] In: Daunicht a.a.O. S. 436 f. *S. 54*
Staackmann, L.: Leipzig 1869–1919. [Festschrift.] Hg. vom Verlag. Leipzig 1919. *S. 87*
Strombeck, Friedrich Karl von: Darstellungen aus meinem Leben und aus meiner Zeit. Th. 1–2. Braunschweig 1833. *S. 28, 60, 61, 96*
Strombeck, Friedrich Karl von: Lessing und Wolfenbüttel. In: Braunschweigisches Magazin Bd 57 (1844), 9. Stück, S. 65–69. *S. 97 f.*
Topp, Johann Friedrich Julius: Lessings Hausarzt und Freund in seinen Briefen und Schriften. Hg. von Heinz Mack. In: Jahrbuch des Braunschweigischen Geschichtsvereins 2. Folge, Bd 1 (1927), S. 114–143. *S. 130*
Vorwerk, Anna: [Über die Herzogliche Bibliothek.] In: Blätter aus dem Schlosse. Nr. 1. Wolfenbüttel 1887. S. 1–7. *S. 69*
Zunz, Leopold: Mein erster Unterricht in Wolfenbüttel. In: Jahrbuch für jüdische Geschichte und Literatur. 1937. S. 140–172. *S. 86*
Zunz, Leopold: Samuel Meyer Ehrenberg, Inspektor der Samsonschen Freischule zu Wolfenbüttel. Braunschweig 1854. *S. 117*

Literaturhinweise

Axmann, Bruno: Die Geschichte der Katholischen Pfarrgemeinde St. Petrus Wolfenbüttel. Berolzheim 1957.
Bege, Karl: Chronik der Stadt Wolfenbüttel und ihrer Vorstädte. Wolfenbüttel 1839.
Berns, Jörg Jochen: Justus Georg Schottelius

1612–1676. Ein Teutscher Gelehrter am Wolfenbütteler Hof. Wolfenbüttel 1977. (Ausstellungskataloge der Herzog August Bibliothek. Nr. 18)
Braunschweigisches biographisches Lexikon. 19. und 20. Jh. Hrsg. von Horst-Rüdiger Jarck und Günter Scheel. Hannover 1996.
Busch, Ralf: Samsonschule Wolfenbüttel (1786–1928). [Ausstellungskatalog.] Wolfenbüttel 1986. (Veröffentlichung des Braunschweigischen Landesmuseums. 46.)
Butzmann, Hans: Lessings Denkmal in Wolfenbüttel. Ein Vorspiel zur Geschichte der Lessingverehrung. Wolfenbüttel 1982. (Wolfenbütteler Hefte. 11.)
Fürst, Reinmar, und Wolfgang Kelsch: Wolfenbüttel. Ein Fürst baut seine Residenz. 25 biographische Porträts. Wolfenbüttel o. J.
Fürst, Reinmar, und Wolfgang Kelsch: Wolfenbüttel. Bürger einer fürstlichen Residenz. 50 biographische Porträts. Wolfenbüttel 1982. – Neue Folge. 1983.
Glümer, H. v.: Claire von Glümer. In: Braunschweigisches Magazin 1913, S. 97–106.
Grote, Hans-Henning: Vom herzoglichen Hoftheater zum bürgerlichen Tourneetheater. [Ausstellungskatalog.] Wolfenbüttel 1992.
Hassel, Georg, und Karl Bege: Geographische und statistische Beschreibung der Fürstentümer Wolfenbüttel und Braunschweig. Bd I. Braunschweig 1802.
Heinemann, Otto von: Aus vergangenen Tagen. Lebenserinnerungen in Umrissen und Ausführungen. Wolfenbüttel 1902.
Henne, Helmut, und Birgit Richter: Der unbekannte Grimm. Ferdinand und seine Brüder. Braunschweig 1988.
Hiller, István, und Dieter Schmidmaier: Heinrich David Wilckens. Student an der Bergakademie Freiberg und erster Professor des Forstinstitutes in Schemmitz. Freiberg und Sopron 1982.
Jahns, Rudolf (1896–1983). [Ausstellungskatalog.] Köln 1986.
Karpa, Oskar: Wolfenbüttel. Aufgenommen von Walter Hege. München 1951.
Kelsch, Wolfgang: Die Auguststadt – Wolfenbüttels historische Vorstadt aus dem 17. Jahrhundert. Wolfenbüttel 1979.
Kelsch, Wolfgang, und Wolfgang Lange: Wolfenbüttel. Häuser und Portale. Wolfenbüttel 1980.
Kelsch, Wolfgang: Hermann Korb. Barockbaumeister am Wolfenbütteler Fürstenhof. Braunschweig 1985.
Kelsch, Wolfgang: St. Johannis in Wolfenbüttel. Wolfenbüttel 1988.
Knauer, Wilfried: Nationalsozialistische Justiz und Todesstrafe. Eine Dokumentation zur Gedenkstätte in der Justizvollzugsanstalt Wolfenbüttel. Braunschweig 1991.
Kröger, Bernd: Der Nachlaß von Julius Elster und Hans Geitel. Frankfurt a. M. 1981. (Kataloge der Herzog August Bibliothek Wolfenbüttel. Neue Reihe. Bd 16)
Lange, Wolfgang: Wolfenbüttel in alten Ansichten. Zaltbommel (Ndl.) 1978.
Lexikon zur Geschichte und Gegenwart der Herzog August Bibliothek Wolfenbüttel. Hrsg. von Georg Ruppelt und Sabine Solf. Wiesbaden 1992.
Lyschinska, Mary J. v. [Hrsg.]: Henriette Schrader-Breymann. Ihr Leben aus Briefen zusammengestellt und erklärt. Bd 1–2. Berlin und Leipzig 1922.
Matthes, Dieter: Wilhelm Raabe und Wolfenbüttel. [Ausstellungskatalog.] Wolfenbüttel 1981.
Meier, Paul Johannes: Die Bau- und Kunstdenkmäler des Herzogthums Braunschweig. Bd 3. Abt. I. Wolfenbüttel 1904.
Möller, Hans-Herbert [Hrsg.]: Die Hauptkirche Beatae Mariae Virginis in Wolfenbüttel. Hannover 1987.
Ohnesorge, Klaus-Walther: Wolfenbüttel. Geographie der ehemaligen Residenzstadt. Braunschweig 1974.
Pini, Gerhard [Hrsg.]: Die Lessingstadt Wolfenbüttel und ihre Dichter. Lessing, Raabe, Busch. Wolfenbüttel 1929.
Piper, Wulf: Gotthold Ephraim Lessing 1729 bis 1781. [Ausstellungskatalog.] Wolfenbüttel 1981. (Ausstellungskataloge der Herzog August Bibliothek. Nr. 31)
Raabe, Mechthild: Leser und Lektüre im 18. Jahrhundert. Die Ausleihbücher der Herzog August Bibliothek Wolfenbüttel 1714–1799. München 1989.
Raabe, Paul: Der alten Stadt eine Zukunft. Wolfenbüttel als Beispiel. Wolfenbüttel 1975. (Wolfenbütteler Hefte. 1)
Raabe, Paul: Wolfenbüttel. Bilder aus der Lessingstadt. Mit Fotos von Wolfgang Lange. Hamburg 1978; 2. Aufl. 1993.
Raabe, Paul, und Günter Schöne: Lessing – Erinnerung und Gegenwart. Das Lessinghaus in Wolfenbüttel. Hamburg 1979.
Raabe, Paul [u.a.]: Sammler, Fürst, Gelehrter. Herzog August zu Braunschweig und Lüneburg 1579–1666. [Ausstellungskatalog.] Wolfenbüttel 1979. (Ausstellungskataloge der Herzog August Bibliothek. Nr. 27)
Raabe, Paul: Lessings letztes Lebensjahrzehnt. Überlegungen zu einer Forschungsaufgabe. In:

Humanität und Dialog. Lessing und Mendelssohn in neuer Sicht. Detroit 1982. S. 103–120.
Raabe, Paul: Bibliosibirsk oder Mitten in Deutschland. Jahre in Wolfenbüttel. Zürich 1992.
Reifenberg, Bernd: Lessing und die Bibliothek. Wiesbaden 1995. (Wolfenbütteler Schriften zur Geschichte des Buchwesens. Bd 23)
Schulz, Günter: Der Familienstreit nach Lessings Tod. In: Wolfenbütteler Studien zur Aufklärung 2 (1975), S. 223–249.
Thöne, Friedrich: Wolfenbüttel. Geist und Glanz einer alten Residenz. München 1963; 2. Aufl. 1968.
Wagner, Peter: Wir werden frei sein. Leopold Zunz 1794–1886. Detmold 1994.
Wolfenbüttel. (Texte von Wolfgang Kelsch u.a.) Wolfenbüttel 1990.

Bildnachweis

Berns, Jörg Jochen (Hg.): Justus Georg Schottelius 1612–1676. Wolfenbüttel 1976 (Ausstellungskataloge der Herzog August Bibliothek. 18) *S. 10, 23*; Braunschweig Archiv Borek *S. 92* (Bl 367), *147* (Bl 24), *151* (Bl 188 b), *153* (Bl 234), *154* (Bl 9), *158* (Bl 110 a), *159* (Bl 263); Braunschweigisches Jahrbuch Bd 56 (1975), nach S. 168 *S. 36 o.*; Die Braunschweigische Staatseisenbahn. Braunschweig 1938 *S. 113 o., 113 u.*; Busch, Ralf (Hg.): Samsonschule Wolfenbüttel (1786–1928). Wolfenbüttel 1986 (Veröffentlichungen des Braunschweigischen Landesmuseums, 46) *S. 74, 85 u., 117, 138*; Fürst, Reinmar, und Wolfgang Kelsch: Wolfenbüttel. Bürger einer fürstlichen Residenz. Neue Folge. Wolfenbüttel 1983 *S. 130 u.*; Fürst, Reinmar, und Wolfgang Kelsch: Wolfenbüttel. Bürger einer fürstlichen Residenz. Wolfenbüttel 1982 *S. 72 o., 137*; Die Gartenlaube 1862, S. 109 *S. 57*; Herzog August Bibliothek Wolfenbüttel *S. 22, 28, 32, 35 u., 36 u., 39, 49 o., 49 u., 62/63, 70, 72 u., 75, 84, 98/99, 108 u., 111, 118, 122, 126, 128, 132, Vorsatz vorn und hinten*; Karpa, Oskar, und Walter Hege: Wolfenbüttel. München 1951 *S. 82, 96, 102*; Kelsch, Wolfgang: Wolfenbüttel 1592–1992. Vierhundert Jahre Theater in einer fürstlichen Residenz. Wolfenbüttel 1992 *S. 37, 112*; Klessmann, Rüdiger (Hg.): Herzog Anton Ulrich von Braunschweig. Braunschweig 1983 *S. 33 u., 34 li., 34 re.*; Knauer, Wilfried (Hg.): Nationalsozialistische Justiz und Todesstrafe. Braunschweig 1991 *S. 133*; Kröger, Bernd: Der Nachlaß von Julius Elster und Hans Geitel. Frankfurt a.M. 1981 (Kataloge der Herzog August Bibliothek Wolfenbüttel. Bd 16) *S. 79*; Lange, Wolfgang: Wolfenbüttel in alten Ansichten. Zaltbommel 1987 *S. 16/17, 47, 51, 115, 123, 127, 131*; Leipziger Illustrierte Zeitung 78 (1881/82), S. 428 *S. 67*; Lyschinska, Mary J.: Henriette Schrader-Breymann. Ihr Leben aus Briefen und Tagebüchern. Bd 1, Berlin 1922 *S. 135*; Matthes, Dieter (Hg.): Wilhelm Raabe und Wolfenbüttel. Göttingen 1981 (Veröffentlichungen der Niedersächsischen Archivverwaltung. Beiheft 24) *S. 42, 44, 130 o.*; Mück, Hans-Dieter (Hg.): Georg Scholz 1890–1945. Stuttgart 1991 *S. 80*; Museum im Schloß, Wolfenbüttel (Fotos von A. Sauer) *S. 11, 26, 29, 54, 81, 110, 125*; Neubert, Franz: Goethe und sein Kreis. 2. Aufl. Leipzig 1922 *S. 93*; Piper, Wulf (Hg.): Gotthold Ephraim Lessing 1729–1781. Wolfenbüttel 1981 (Ausstellungskataloge der Herzog August Bibliothek. 31) *S. 31, 58, 61, 149 o., 149 u., 150 o. li., 150 u. li., 150 o. re., 150 u. re., 156, 160, 164*; Privatbesitz Roselieb, Detmold *S. 108 o., 107*; Raabe, Mechthild: Leser und Lektüre im 18. Jahrhundert. Die Ausleihbücher der Herzog August Bibliothek 1714–1799. Bd 1. München 1989 *S. 25 li., 25 re., 94, 106*; Raabe, Paul (Hg.): Erhart Kästner. Werkmanuskripte. Wolfenbüttel 1984 (Ausstellungskataloge der Herzog August Bibliothek. 43) *S. 78*; Raabe, Paul (Hg.): Sammler Fürst Gelehrter. Herzog August zu Braunschweig und Lüneburg. Wolfenbüttel 1979 (Ausstellungskataloge der Herzog August Bibliothek. 27) *S. 65, 66, 76*; Raabe, Paul, und Günter Schöne: Lessing – Erinnerung und Gegenwart. Das Lessinghaus in Wolfenbüttel. Hamburg 1979 *S. 6, 7, 8, 55, 59, 69, 145*; Raabe, Paul: Wolfenbüttel. Bilder aus der Lessingstadt. 2. Aufl. Hamburg 1993 *Frontispiz, S. 27, 68, 85 o., 119, 121, 139*; Reich, Nancy B.: Clara Schumann. Romantik als Schicksal. Reinbek 1993 *S. 136*; Schulte Kemminghausen, Karl, und Ludwig Denecke: Die Brüder Grimm in Bildern ihrer Zeit. Kassel 1963 *S. 143*; Stadtarchiv Braunschweig *S. 43, 46, 114*; Städtisches Museum Braunschweig *S. 104, 105, 157, 161*; Taxis-Bordogna, Olga Gräfin: Frauen von Weimar. 2. Aufl. München 1950 *S. 35 o.*; Thöne, Friedrich, und Gerhard, Stoletzki: Wolfenbüttel. 5. Aufl. Wolfenbüttel 1967 *S. 14*; Thöne, Friedrich: Wolfenbüttel. Geist und Land einer alten Residenz. 2. Aufl. München 1968 *S. 19, 33 o., 89, 97, 103*; Universitätsarchiv Leipzig *S. 40 o., 40 u.*; Wagner, Peter: Wir werden frei sein. Leopold Zunz 1794–1886. Detmold 1994 *S. 86*; Wahl, Hans, und Anton Kippenberg (Hg.): Goethe und seine Welt. Leipzig 1932 *S. 24*; Wappler, Gerlinde: Gleims Leben und seine Beziehungen zu berühmten Zeitgenossen. Halberstadt 1988 *S. 163*; Wilhelm Busch-Museum. Hannover *S. 141*.

Danksagung

Nach den Beispielen meiner *Spaziergänge durch Goethes Weimar* (1990; 5. Aufl. 1996) und meiner *Spaziergänge durch Nietzsches Sils-Maria* (1994; 3. Aufl. 1996) lege ich nun einen solchen literarischen Führer durch Lessings Wolfenbüttel vor. Die Stadt ist meiner Familie und mir seit 1968 zur Heimat geworden. An der Vorbereitung der Altstadtsanierung, die den heftigen Diskussionen über die Zukunft Wolfenbüttels im Europäischen Denkmalschutzjahr 1975 folgte, habe ich als Vorsitzender des Untersuchungsbeirats eine Anzahl von Jahren mitgewirkt. Inzwischen ist die Altstadt nach und nach restauriert worden, und so ist Wolfenbüttel eine schöne Stadt geworden, in der man sich wohlfühlt und auf die ihre Bürger stolz sein können. Aus diesem Grunde hat es mir Freude gemacht, neben meiner Aufbauarbeit in den Franckeschen Stiftungen zu Halle an der Saale diesen Band vorzubereiten und Bekanntes und Unbekanntes aus der kulturellen Geschichte Wolfenbüttels zu erzählen.
Danken möchte ich allen, die mir bei der Vorbereitung des Buches geholfen haben: in erster Linie meiner Frau, die die Entstehung des Bandes mit Anregung und Kritik begleitet hat; Elisabeth Schütze, meiner früheren Sekretärin, die mein Manuskript ins Reine schrieb; meiner Schwesterverlegerin Elisabeth Raabe, die mich zu dieser Arbeit ermutigte. Für die Ermittlungen habe ich vielfache Unterstützung in Wolfenbüttel und Braunschweig in Anspruch nehmen können. Mein Dank gilt daher der Herzog August Bibliothek, insbesondere Christian Hogrefe in der Auskunft, dem Niedersächsischen Staatsarchiv und seinen hilfsbereiten Beamten, dem Schloßmuseum Wolfenbüttel und seinem Leiter Dr. Hans-Henning Grote, dem Braunschweigischen Landesmuseum und schließlich dem Stadtarchiv und dem Städtischen Museum in Braunschweig und seinen Leitern Dr. Manfred Garzmann und Dr. Gerd Spieß.
Die *Spaziergänge durch Lessings Wolfenbüttel* erscheinen am Tage meines 70. Geburtstages und sollen ein Dank an die Stadt Wolfenbüttel sein, die mir vor fünf Jahren die Ehrenbürgerschaft verliehen hat.

Wolfenbüttel, im Dezember 1996 Paul Raabe

Biographische Notiz

Paul Raabe, geboren 1927 in Oldenburg (Oldb.), 1948 Diplombibliothekar, 1951–57 Studium der Germanistik und Geschichte in Hamburg, 1957 Promotion über Hölderlins Briefe, 1958–68 Leiter der Bibliothek des Deutschen Literaturarchivs in Marbach a. N. Erforschung des literarischen Expressionismus. 1967 Habilitation in Göttingen. 1968–92 Direktor der Herzog August Bibliothek Wolfenbüttel: Ausbau zu einer internationalen Forschungsstätte für europäische Kulturgeschichte in neun Gebäuden. Seit 1992 Direktor der Franckeschen Stiftungen, Halle/Saale. Ehrendoktor der Universitäten Braunschweig und Krakow. Seit 1986 Herausgeber der »Arche-Editionen des Expressionismus«. Zahlreiche Veröffentlichungen zur Literatur- und Buchgeschichte. Herausgeber der drei Nachtragsbände zu Goethes Briefen (1990). Zahlreiche Veröffentlichungen im Arche Verlag.

Personenregister

Die fettgedruckten Ziffern verweisen auf Hauptstellen, die kursivgedruckten auf Porträts.

Veröffentlichungen von Paul Raabe im Arche Verlag

Bibliosibirsk oder
Mitten in Deutschland
Jahre in Wolfenbüttel
398 Seiten. 19 Abb. 1 Karte
Gebunden mit Farbschnitt

Spaziergänge durch Goethes Weimar
188 Seiten. 154 Abb. 5 Karten
Broschur. 5. Auflage

Spaziergänge durch Nietzsches Sils-Maria
159 Seiten. 119 Abb. 6 Karten
Broschur. 3. Auflage

Gottfried Benn, Statische Gedichte
Mit einer Druckgeschichte und
unveröffentlichten Benn-Briefen
Herausgegeben von Paul Raabe
127 Seiten. 6 Abb. Gebunden

Expressionismus
Der Kampf um eine literarische Bewegung
Herausgegeben von Paul Raabe
Arche-Editionen des Expressionismus
320 Seiten. Broschur

Klabund in Davos
Texte Bilder Dokumente
Zusammengestellt von Paul Raabe
Arche-Editionen des Expressionismus
230 Seiten, 85 Abb. Broschur

»... und diese Erfahrung
habe ich nun auch gemacht«
Texte zum Tod eines nahen Menschen
Hg. von Elisabeth Raabe und Paul Raabe
116 Seiten. Leinen. Neuausgabe